Heribert Arens / Martino Machowiak

Lebendig alt sein

Franziskanische Akzente

herausgegeben von Mirjam Schambeck sf
und Helmut Schlegel ofm

Band 26

HERIBERT ARENS
MARTINO MACHOWIAK

Lebendig alt sein

echter

Herzlicher Dank geht an Eva Kasper für die Unterstützung bei den Korrekturen sowie an die Provinz Sankt Elisabeth der Franziskaner-Minoriten OFMConv. in Deutschland für den finanziellen Support.

Bibliografische Information der Deutschen Nationalbibliothek
Die Deutsche Nationalbibliothek verzeichnet diese Publikation in der Deutschen Nationalbibliografie; detaillierte bibliografische Daten sind im Internet über ‹http://dnb.d-nb.de› abrufbar.

Gedruckt auf umweltfreundlichem, chlorfrei gebleichtem Papier.

2. Auflage 2025

Echter Verlag | Dominikanerplatz 8 | 97070 Würzburg
Tel. 0931 66068-0 | info@echter-verlag.de

Umschlag: wunderlichundweigand.de
(Umschlagfoto: Elisabeth Wöhrle sf)
Satz: Crossmediabureau, Gerolzhofen
Druck und Bindung: Friedrich Pustet, Regensburg

ISBN
978-3-429-05533-2
978-3-429-05107-5 (PDF)
978-3-429-06496-9 (ePub)

Inhalt

LEBENDIG
alt sein
in allen Lebensphasen
mit Chancen und Begrenzungen
LEBENSLUST

Wie alt bist du? – ein Vorwort

Wann eigentlich beginnt das, was wir „Alter“ nennen? „Im hohen Alter von 92 Jahren“, sagen wir, aber auch „im zarten Alter von drei Monaten“. In jedem Lebensalter ist von „Alter“ die Rede, ganz gleich ob es neun Tage oder neunzig Jahre sind. Alter bemisst sich nicht nur nach dem Kalender. Sobald ich das Licht der Welt erblicke, fängt das Alter an. Fragst du den kleinen Knirps „Wie alt bist du?“, reckt er dir stolz drei kleine Fingerchen entgegen: „Drei!“ Fragst du einen an Jahren alten Menschen nach seinem Alter und hörst die Antwort „84“, kommt gern der Kommentar dazu: „Ich kann es selbst kaum glauben!“ Das Alter begleitet uns durch alle Jahre unseres Lebens. Immer sind wir *alt*.

Dennoch hat das Wort „Alter“ einen besonderen Klang, wird es doch bevorzugt verwendet, wenn viele Lebensjahre zusammengekommen sind. Bei der derzeitigen demografischen Entwicklung unserer Gesellschaft reicht es nicht mehr, von der dritten oder vierten Lebensphase zu sprechen. Inzwischen nehmen wir bewusst die Phase der Hochaltrigkeit wahr,[1] beginnend so um die Lebensjahre +/−85.

Das objektive Alter, gemessen an Jahren, sagt einiges, aber nicht alles über einen Menschen. Manche sind mit 45 Jahren innerlich vergreist, andere sind mit 90 geistig frisch – und nicht selten auch körperlich fit. Beides macht den Menschen zwar nicht an Jahren jünger oder älter, aber es gibt den Jahren eine eigene Qualität: Frische, Energie, Lebenslust auf der älteren, Initiativlosigkeit, Trägheit, Unbeweglichkeit auf der jüngeren Seite. Alter definiert sich nach der Anzahl der Jahre, aber das ist nicht die einzige Definition.

„Man kann nicht früh genug anfangen, alt zu werden", sagt der Volksmund. Das will nicht sagen, dass ich als Kind schon lernen soll, ein Greis zu sein. Vielmehr ist es die beste Vorbereitung auf die hochbetagten Lebensjahre, wenn der Mensch der Phase gemäß lebt, in der er sich befindet: Bist du ein Kind, lebe wie ein Kind. Bist du ein Jugendlicher, lebe wie ein Jugendlicher. Bist du in der Lebensmitte, lebe diese Phase. Einüben ins hohe Lebensalter geschieht dadurch, dass ich einfach jede Lebensphase im Hier und Heute so lebe, wie es ihr angemessen ist. Dann bin ich vorbereitet, auch im Altsein entsprechend zu leben.

Die Altersforschung kennt für diese Phase viel Anregendes. Dabei geht es nicht nur um Pragmatisches, sondern auch um Spirituelles, um Nahrung für Geist und Seele. Dazu haben wir Nachdenkenswertes in der Hl. Schrift und auch rund um das Leben des heiligen Franziskus entdeckt. In diesem Dreiklang – Lebenshilfe, Biblisches, Franziskanisches – sind die Überlegungen des vorliegenden Bandes entstanden.

Dieses Buch haben wir zu zweit in folgender Arbeitsweise geschrieben:

Gemeinsam haben wir Kurse zum Thema „Alter" erarbeitet und mit zahlreichen Teilnehmern und Teilnehmerinnen durchgeführt. Viele Früchte sind aus der Kursarbeit entstanden und in die Überlegungen dieses Buches eingeflossen. Wichtige Stichworte aus unserem Buch „Du hast mein Klagen in Tanzen verwandelt" – siehe Literaturhinweise „zum Weiterlesen" – haben wir aufgegriffen, weitergeführt und vertieft, denn sie sind uns für die Behandlung des Themas wichtig. P. Heribert Arens schrieb die ersten Textentwürfe, Sr. Martino Machowiak hat sie durchgearbeitet, gekürzt oder erweitert – und zu einem Gedanken aus jedem Kapitel eine kurze vertiefende Meditation geschrieben.

Lange haben wir in der Entstehung dieses Buches vom „Altwerden" gesprochen. Die Reflexion des eigenen Lebensalters ließ uns spüren: Es geht nicht um Alt*werden*, sondern um Alt*sein*. Diese Sichtweise unterstreicht James Hillmann in seinem Buch „Vom Sinn des langen Lebens"[2]. Er entfaltet, dass wir Dinge gerade deshalb schätzen, weil sie alt sind. Das sollte auch für den alten Menschen gelten. Dazu braucht es ein Umdenken. Wir sprechen, so Hillmann, zu viel von „altern". *Altern* aber meint einen Prozess mit einem Abwärtssog, der im Tod endet. Hier und heute *alt sein* aber bedeutet einen großen Wert, denn es weiß um den Reichtum an Leben und Erfahrung. Um das zu erkennen und zu bejahen, braucht es den Mut, *alt zu sein*.

Diese Lebensphase „Altsein" soll uns nicht ächzend und depressiv vorfinden, sondern lebendig und mit Lust am Leben. So entstand der Titel: „Lebendig alt sein". Mit Freude übergeben wir Ihnen unsere Gedanken.

Dieses Manuskript konnten wir Ende März abschließen. Unter dem Eindruck der Corona-Pandemie geben wir es aus der Hand. Der alte Mensch ist durch dieses Virus besonders gefährdet, weil sein Immunsystem an Stärke verloren hat und in Konfliktsituationen dem Leben von Jüngeren ein Vorrang eingeräumt wird. Unser Wunsch ist es, dass viele alte Menschen die Pandemie überleben und auch weiterhin ein Schatz unserer Gesellschaft sind.

Dorsten/Neuenbeken, März 2020
P. Heribert Arens ofm – Sr. Martino Machowiak cps

Meditation

ich bin alt
ich
werde alt

oft zu hören
bei betagten menschen

aber wieso
ich *werde* alt –

nein
ich *bin* alt
ich *darf* alt sein
in gelassenheit

und
in dankbarkeit
für alles
was *erst jetzt* möglich wird

1. Faszination Alter – „erst jetzt!"

Das Alter – eine faszinierende Lebensphase

Auch wenn jeder weiß, dass sich im Altsein Mühsal und Beschwerden einstellen können, lenken wir den Blick zunächst bewusst in eine andere Richtung: *Das Alter ist eine spannende Lebensphase*, ganz gleich ob ein Mensch die dritte, die vierte oder gar die Phase der Langlebigkeit/Hochaltrigkeit erreicht hat. Alter kann faszinierend sein – nicht erst seit dem fantastischen Roman von Jonas Jonasson: „Der Hundertjährige, der aus dem Fenster stieg und verschwand"[3]. Auch wenn nicht jeder alte Mensch die Abenteuerlust des hundertjährigen Allan Karlsson hat: Im älter werdenden Menschen steckt immer noch viel an Lebenslust, an Kreativität, an Lebensenergie und Lebenssattheit, die einfach Freude an jedem neu geschenkten Tag erleben lässt.

Nur bedingt gültig ist darum heute die Weisheit des Psalm 90, in dem es heißt: „Unser Leben währt siebzig Jahre, und wenn es hochkommt, sind es achtzig. Das Beste daran ist nur Mühsal und Beschwer" (Ps 90,9–10).

Für manche mag dieses Psalmwort ja stimmen. Aber auch das stimmt: Alter kann zwar Last sein, aber auch Lust; Alter bedeutet nicht Kranksein, auch wenn der alte Mensch krank sein kann, sondern auch Gesundheit und Vitalität; Alter verbindet sich nicht in erster Linie mit Demenz und Alzheimer, sondern auch mit geistiger Frische, Interesse und Teilnahme am Leben der Umgebung und der Welt.

Samuel Ullmann, amerikanischer Dichter, vor allem bekannt durch sein Buch „Youth“ (Jugend), findet dafür treffende Worte, deren deutsche Übersetzung dem „Urwalddoktor“ Albert Schweitzer zugeschrieben wird (in Auszügen):[4]

Du bist so jung wie deine Zuversicht

„Jugend ist nicht ein Lebensabschnitt, sie ist ein Geisteszustand.
Sie ist Schwung des Willens, Regsamkeit und Fantasie, Stärke der Gefühle,
Sieg des Mutes über die Feigheit, Triumph der Abenteuerlust über die Trägheit.
Niemand wird alt, weil er eine Anzahl Jahre hinter sich gebracht hat.
Man wird nur alt, wenn man seinen Idealen Lebewohl sagt.
Mit den Jahren runzelt die Haut,
mit dem Verzicht auf Begeisterung aber runzelt die Seele.
Sorgen, Zweifel, Mangel an Selbstvertrauen, Angst und Hoffnungslosigkeit,
das sind die langen, langen Jahre, die das Haupt zur Erde ziehen
und den aufrechten Gang in den Staub beugen. …
Du bist so jung wie deine Zuversicht, so alt wie deine Zweifel,
so jung wie deine Hoffnung, so alt wie deine Verzagtheit.
Solange die Botschaft der Schönheit, Freude und Kühnheit,
der Größe der Erde, des Menschen und des Unendlichen

dein Herz erreicht, so lange bist du jung.
Erst wenn die Flügel nach unten hängen und das Innere deines Herzens
vom Schnee des Pessimismus und vom Eis des Zynismus bedeckt ist,
dann erst bist du wahrhaftig alt geworden."

Gelingendes Alter ist eine Frage der Lebendigkeit und der Freude am Leben. Es ist die Kunst, auch da, wo sich Einschränkungen melden, dem Leben den Vorrang zu geben, Chancen und Möglichkeiten, die da sind, wahrzunehmen und ihrer Einladung zu folgen.

Was will ich erst jetzt?

In unseren Kursen zur Dritten und Vierten Lebensphase wurde die Fragestellung: „Was will ich *erst jetzt*?" zum Schlüssel, über lebendiges Altsein nachzudenken. Die Antworten lesen sich eindrucksvoll. Sie sind Zeugnisse, dass das Alter reich sein kann an zunehmender Kompetenz und zunehmenden Möglichkeiten. Voraussetzung ist, den Blick vom Starren auf das „nicht mehr" zum achtsamen Hinsehen auf das „erst jetzt" zu wenden. Im Folgenden zitieren und bedenken wir Antworten von (wohlgemerkt alten) Kursteilnehmerinnen und Kursteilnehmern auf diese Frage nach dem „erst jetzt":

„Ich bin dankbar, weil ich jetzt Zeit habe(n darf) für Erlebnisse, zu denen mir vorher die Zeit fehlte: die Natur erleben, Musik hören, Sport, Lesen …"
Da merkt jemand, dass das Alter nicht nur Türen zuschlägt, sondern Türen öffnet. Die im Beruf oft einge-

engte und zwanghafte Welt wird weit. Bisher verdrängte Möglichkeiten bekommen die Chance sich zu entfalten: *Das fasziniert!*

„Ich kann mein Leben entschleunigen. Dabei hilft mir auch, dass ich langsamer werde und nicht mehr alles kann, was ich früher konnte.“

Verlangsamung ist eine Begleiterscheinung des Alters. Aus dem zitierten Satz spricht ein alter Mensch, der das nicht als Eingrenzung sieht, sondern als Chance. Der Lebensrhythmus des modernen Menschen ist oft unruhig und gehetzt. Hier sieht ein Mensch sein Langsamer-Werden als Chance zur Entschleunigung – und damit auch zu einem bewussteren Leben, das den Augenblick genießen will. Weitere Aussagen gehen in eine ähnliche Richtung:

„Ich gönne mir Räume der Stille, um ganz bei mir sein zu können.“

Räume der Stille sind Geschenke, die der oft gestresste Alltag des Erwachsenen kaum noch oder viel zu selten kennt. Das entschleunigte Alter hat die Chance, zur Ruhe und zur Stille zu kommen, diese Geschenke zu genießen und auszukosten. Keiner sitzt im Nacken, höchstens der Sklaventreiber im eigenen Inneren, der sagt: „Eigentlich müsstest du!“ Befreiend!

„Ich will genießen, was das Leben mir schenkt – das muss gar nicht viel sein.“ „Ich spüre, dass ich sensibler werde für kleine Dinge, für Schönheit und Begegnung im Alltag.“

Das Leben ist gespickt mit „Blumen am Wegrand“, die ich nur zu leicht übersehe, weil ich durch das Leben jage, weil ich viel zu oft nur auf die großen Ziele starre und das Gespür für das Kleine und Nächstliegende verliere. Das Alter bietet die Chance, wacher und sensibler dafür zu werden – Einsichten und Erfahrungen, die die Jugend kaum kennt: *Das fasziniert!*

„Ich mache mich frei von Zwängen, etwa von dem Zwang, alles hundertprozentig machen zu müssen."
Manche leben in Umständen, die sie zwingen, hundertprozentig zu funktionieren. Manche sind aber auch ihre eigenen Zwingherren. Sie überfordern sich. Alles muss stimmen. Und jetzt bist du alt und merkst, wie viel in deinem Leben bruchstückhaft geblieben ist trotz allen guten Willens. Der Druck hat manchen nicht selten die Luft zum Atmen genommen. Jetzt verrät die Weisheit des Alters: Es muss nicht alles vollkommen, perfekt, sein. Vieles darf Fragment sein und bleiben – und die Erde dreht sich trotzdem weiter. Das Vollenden, die Rundung des Lebens, überlasse ich getrost dem, zu dessen Wesen das Vollenden gehört: Gott. Darüber werden wir noch in einem eigenen Kapitel nachdenken.

Diese „späte" Einsicht schenkt befreites Leben, lässt auf- und durchatmen. Das gibt Gelassenheit auch angesichts des Unvollendeten: *Das fasziniert!*

„Ich erinnere mich an vieles, was in meinem Leben gelungen ist. Ich kann in der Rückschau Gottes Weg mit mir entdecken und dankbar weitergehen."
Das Alter ist Erntezeit. Momente der Erinnerung können ein „Erntedankfest" sein. Erinnerungen müssen den Menschen nicht auf Vergangenes fixieren, auch wenn das gerade im Alter eine Versuchung ist. Manche ältere Menschen, unzufrieden mit der Gegenwart, flüchten sich gern in die guten Erfahrungen von gestern, verherrlichen

sie, selbst wenn sie gar nicht so herrlich waren. Sie leben „vergangenheitsverliebt". Mit dieser Haltung, vor allem mit dem dauernden Reden darüber, gehen sie schnell ihrer Umgebung auf die Nerven. Das tut nicht gut! Keiner hat Lust, immer nur die Geschichten und Heldentaten von gestern zu hören. Wer sich so verhält, wird sehr schnell sehr einsam!

Erinnerung will vielmehr eine Kraft für die Zukunft sein. Wenn alte Menschen auf Gelungenes und Erfreuliches zurückblicken, kann ihnen das zur Quelle des Lebensmutes und der Energie für morgen und übermorgen werden, weil sie „rückwärts blickend vorwärts schauen"[5].

Solche Erinnerung ist nicht zuletzt dem glaubenden alten Menschen eine Quelle des Gottvertrauens und der Hoffnung. Denn gute Erfahrungen sind für viele die Handschrift Gottes in ihrem Leben. Dieses Geheimnis enthüllt sich erst in der Rückschau. „Das Leben kann nur in der Schau nach rückwärts verstanden und nur in der Schau nach vorwärts gelebt werden" (nach Kierkegaard). Sich in der Gegenwart an Vergangenes erinnern, um dem Leben und der Zukunft zu trauen, das lässt Leben auch im Alter gelingen: *Das fasziniert!*

„Die Lebenserfahrung hilft mir, auf vieles anders zu reagieren: nüchterner, gelassener, humorvoller." „Ich spüre, dass eine Reifung stattgefunden hat, die mich mehr Verständnis für andere haben lässt."

Wer solche Sätze sprechen kann, gehört zu den liebenswürdigen Seniorinnen und Senioren. Gern werden sie auch „positive Oma", „positiver Opa" genannt. Sie sind offen für die Menschen um sie herum, vor allem für die nachrückenden Jüngeren. Sie leben nicht ein krampfhaftes „ich auch!“. Sie schauen mit Gelassenheit in ihre Umgebung und kennen das wohlwollende, humorgetränkte Schmunzeln: *„Ich will und kann öfter über mich lachen.“* Solches Lächeln befreit mich zu mir selbst. Wer über sich selbst lachen kann, gestattet es sich, der Mensch zu sein, der sie oder er ist.

Das Alter ist eine Lebensphase, in der sich kein Mensch mehr etwas beweisen muss. Ich lebe einfach mit dem, was ich kann, aber auch mit dem, was ich nicht kann. Das bin ich – und so darf ich sein: *„Ich lebe mein Leben mit den Möglichkeiten, die mir jetzt gegeben sind.“ Das lockt und fasziniert!*

„Ich tue mir selbst etwas Gutes, gönne mir etwas.“
Das ist ein wunderbares Wort. Es spricht von einer Lebenskunst, die erlernt sein will! Dazu hat Edith Hess für ihr eigenes Leben wertvolle Leitsätze wie die drei folgenden entwickelt:

– *„Ich tue meinem Leib Gutes*
  Ich freue mich meiner Leiblichkeit trotz abnehmender Schönheit und Frische. Ich kümmere mich liebevoll um meinen Leib, trainiere, pflege und salbe ihn. Es tut mir gut, mit Tieren und Pflanzen in zärtlichem Körperkontakt zu sein …
– *Ich lege die Hände in den Schoß*
  Ich freue mich an der Befreiung von vielen Aufgaben und nehme mir mit gutem Gewissen Zeit zum Sinnieren, Träumen und Nichtstun. Ich betrachte mein Lebenswerk und freue mich über alles, was gelungen ist. In einer lauten Welt achte ich auf leise Stimmen und Töne …

– *Ich setze mich an die echten Lebensquellen*
Ich schaufle mir den Zugang zu meinen inneren Kraftquellen immer wieder frei. Ich stärke mich mit der Erfahrung von Freundschaft; ich liebe und lasse mich lieben. Ich lasse mich immer wieder verzaubern von der Schönheit der Natur und des Sternenhimmels, der Musik und anderen Werken schöpferischer Menschen.“[6]

Das sind Chancen des an Lebensjahren alten Menschen, sich selbst Gutes zu tun, sich selbst etwas zu gönnen, das Wort des hl. Bernhard mit Leben zu füllen, das er an seinen Schüler Papst Eugen III. geschrieben hat: „Gönne dich dir selbst!“ Da macht es Freude, alt zu sein: *Das fasziniert!*

„Ich will am Leben teilnehmen – bis zum Schluss.“
Das sagt ein alter Mensch, der nicht an einer Blickverengung leidet. Mancher kennt, wenn die Jahre kommen, nur noch Themen wie Arztbesuche, Pillen, Krankheiten, Essen und Trinken … Mancher kennt die Wartezimmer der Ärzte besser als die eigene Küche. Da wird die Welt ganz klein, das Interessante im Leben reduziert sich auf das, was in meiner kleinen Welt geschieht. Schade, denn die Welt ist so groß!

„Ich will am Leben teilnehmen …“ – es ist beeindruckend, was der alte Mensch mit diesem Satz ausdrückt: „Ich interessiere mich für das, was über meinen Tellerrand hinausgeht.“ Es berührt mich, was in der Welt geschieht. Ich nehme an den Erfolgen meiner Kinder, Enkel und Urenkelinnen teil. Ich will mich aufregen, wenn Politiker und Politikerinnen uns betrügen, um Stimmen zu fangen. Ich will mich freuen, wenn im Frühling die Na-

tur wieder aufblüht! Ich will nicht mehr das Tanzbein schwingen, aber ich genieße den Anblick junger Paare auf der Tanzfläche. Ich will betroffen sein, wenn ich vom Hunger in der Dritten Welt höre und sehe. Ich will neugierig bleiben, die Umwelt nicht mit meinen „alt-klugen" Antworten überschütten, stattdessen fragen, schauen, einfach dabei sein: mitlachen, mitweinen, Anteil nehmen. Bei alledem mache ich mir bewusst, *„dass ich nicht allein bin. Andere erleben Ähnliches, sitzen mit mir im gleichen Boot." Das fasziniert!*

Was kann ich erst jetzt?

Das ist die Schlüsselfrage zu gelingendem und zufriedenem Altsein. Sie lenkt den Blick auf die Kompetenz des Alters, auf Fähigkeiten, die erst mit den Jahren richtig aufblühen, auf Chancen, die ich in mir trage, auf Möglichkeiten, die mir gerade das Alter ermöglicht.

In diesem Zusammenhang hat Alt-Bischof Joachim Wanke aus Erfurt fünf Antworten formuliert auf die Frage „Was mir im Alter wertvoll ist?", von denen wir einige gekürzt wiedergeben.[7]

> *„Unterbrechen können*
> Ich merke, dass ich Freude daran gewinne, Zeit zu haben, mich von aufdringlicher Kommunikation zu ‚entkabeln'. Es ist für mich ein Geschenk, Zeit für mich und Zeit für Menschen an meiner Seite zu gewinnen. Hören, Zuhören und Nachdenken können werden mir wichtiger als früher.

Anknüpfen können
Ich mache die Erfahrung, dass mir die Wiederholung hilft und Sicherheit gibt. Damit meine ich die Alltagsrituale (des geregelten Tages) bis hin zu den liturgischen Ritualen, in denen die Seele sich festmachen kann. Dort kann ich immer neu anknüpfen und innerlich dankbar bleiben.

Loslassen können
Es gehört zur Gnade des Alters, nichts unbedingt und um jeden Preis festhalten zu müssen. Es ist sicher eine Gnadengabe, innerlich die Sehnsucht nach dem ‚Mehr' zu behalten. Ich kenne ältere Menschen, in deren Nähe man aufatmen kann, denen man nichts bringen muss, sondern von denen man beschenkt weggeht. Vielleicht fällt es im Alter auch leichter, nicht auf Begeisterung angewiesen zu sein. Es befreit, vieles einfach loslassen zu dürfen.

Bejahen können
Im Alter entdecke ich mehr als früher: Die größte Tat des Menschen ist es, sich selbst zu bejahen, sein Leben – so wie es ist, so wie es war. … Das Alter schenkt mir Luft, mir Zeit zu lassen und anderen Zeit zu geben, diese Kraft zur ‚Zustimmung' aufzubringen."

Eine anschauliche Zusammenfassung der bisherigen Überlegungen ist der Titel, den Edith Hess und Karl Guido Rey ihrem Buch über eine Spiritualität des Alters gegeben haben: *„Die Reise ist noch nicht zu Ende"*[8]. Das Leben ist eine große Reise, mit Faszination und Erlebnissen auf jeder Teilstrecke. Diese Reise ist nicht abgeschlossen, wenn der

Mensch „aufs Altenteil“ geht. Sie geht bis zum „Grenzbahnhof“ mit der „Zollstation“ zur Ewigkeit, bis zum letzten Atemzug. Auch im Alter kann das Leben eine attraktive Reise sein, sicher mit mancher Klage, aber auch mit Tanzen (vgl. Ps 30).

Biblische Vertiefung

Vom Alter als Lebensphase der Lebendigkeit, nicht des langsamen Dahinwelkens, weiß auch die Bibel. Im Psalm 92 heißt es über den (auch alten) Menschen, der seine Kraft aus dem Leben mit Gott schöpft: *„Gepflanzt im Haus des Herrn, gedeihen sie in den Vorhöfen unseres Gottes. Sie tragen Frucht* noch im Alter *und bleiben voll Saft und Frische.“*

Die Bibel kennt Beispiele für die Wahrheit dieser Worte:

Sara, die Neunzigjährige, ist noch in ihrem Alter fruchtbar und empfängt Isaak. Ähnliches erlebt im Neuen Testament Elisabeth, die Frau des Zacharias. Sie bringt im hohen Alter noch einen Sohn zur Welt, Johannes den Täufer: „… sie tragen Frucht noch im Alter!“ Auch die beiden Alten im Tempel, Simeon und Hanna, tragen glücklich die Frucht ihres lebenslangen Hoffens auf den Armen: kein eigenes Kind, aber ein Kind, das Gott schenkt, eine Frucht ihres lebenslangen Vertrauens: Ihre alten Augen sehen das Heil – und strahlen!

Das Alter ist eine Phase der Lebensfülle, für die auch das Wort aus der Mitte des Johannesevangeliums gilt: *„Ich bin gekommen, damit sie das Leben haben und es in Fülle haben“* (Joh 10,10). Wer ins Leiden verliebt seine alten Tage lebt, wird die Fülle nicht entdecken. Wer aber in der erwartungsvollen Hoffnung lebt: *„Ich will am Leben teilnehmen –*

bis zum Schluss", wird die Quelle der Lebendigkeit auch im Alter entdecken. Diese Quelle wird dem alten Menschen von Gott geschenkt, trinken allerdings muss er selbst.

Anschaulich wird das bei dem Gelähmten am Teich Bethesda (Joh 5,1–16). Seit 36 Jahren liegt er dort und kommt nicht in das heilend flutende Wasser. Dann kommt Jesus, sieht ihn, hört sich seine Geschichte an und fragt ihn: „Willst du gesund werden?" Die Theologin und Psychotherapeutin Hanna Wolf akzentuiert diese Frage auf das erste Wort. Willst? Willst du wirklich? Willst du überhaupt? Wenn einer so lange daliegt und gesund werden will, dann finden sich auch Wege! Darum fragt ihn Jesus: „Willst du überhaupt gesund werden?" Manchen Menschen ist die quälende Seite ihres Lebens so zur zweiten Natur geworden, dass ihnen etwas fehlt, wenn sie plötzlich gesund sind. Die gleiche Frage geht an den alten Menschen: Willst du lebendig sein bis zum letzten Atemzug? Willst du teilhaben am Leben? Willst du überhaupt …? Wenn ja, dann finden sich Wege. Du selbst bist der Schlüssel zum Glück deines Alters.[9]

Anregungen aus franziskanischer Spiritualität

Franz von Assisi wurde nicht alt. Er lebte nur 44 Jahre. Das ist in der damaligen Zeit mehr als heute. Seine letzten Lebensjahre waren, wie Psalm 90 sagt, „Mühsal und Beschwer". Genau darum ist es faszinierend, dass er in diesen von Schmerzen geprägten Lebensjahren den Sonnengesang schrieb, ein Lied, das vor Lebensfreude nur so sprüht. Er hätte ein Klagelied anstimmen können, jeder hätte es ihm geglaubt – es war ja augenscheinlich. Doch er schreibt ein Loblied auf Gott und seine wunderbare Schöpfung. Er besingt die Sonne, deren Licht ihm bei seiner Augenerkrankung Schmerzen bereitete. Er staunt über den Mond und die Sterne und die fruchtbare Erde. Er besingt alle Geschöpfe als seine Schwestern und Brüder. Selbst den Tod besingt er in diesem Lied als Bruder (im italienischen Urtext als Schwester), der ihn nicht von Gott trennt, sondern zu Gott führt.

In diesem Glauben ist ihm die heilige Klara nah, die nach langem Krankenlager mit einem Loblied auf Gott stirbt (LebKl 46, KQ 334): „Du, Herr, sei gepriesen, der du mich erschaffen hast." Beide, Franziskus und Klara, verkörpern eine Lebenshaltung, die bis zum letzten Atemzug Lebendigkeit atmet.

Davon spricht auch die 27. Ermahnung des Heiligen; sie redet von Haltungen, die auch im Alter lebendig halten:

„Liebe und Weisheit,
Geduld und Demut,
Armut mit Fröhlichkeit,
Ruhe und Betrachtung,
Furcht des Herrn,
Erbarmen und Besonnenheit" (Erm 27, FQ 54).

Meditation

Kann
kann „schon alleine“
kann „noch alleine“
kann „nicht mehr alleine“
kann „erst jetzt“
kann

In diesem Spannungsfeld
lebe ich mein Leben
langsam aufsteigend –
hin zum Scheitelpunkt …
und dann
langsam absteigend –
in die Tiefe – mit Tiefgang –
das Leben leben

begleitet vom
allmählichen Nachlassen der Kräfte
bis hin zum
ich kann „nicht mehr alleine“
aber auch
begleitet von der Frage:
was *kann* ich „*erst*“ jetzt

„*erst*“ jetzt
kann ich Erstaunliches:

Zeit haben
Langsamkeit zulassen
mein Tempo gehen
meine Träume träumen
Interesse zeigen
Humor ausstrahlen
dankbar sein

Das alles kann ich
trotz der Begrenzungen
die das Alt-Sein mit sich bringt –
auch in Offenheit für Gott,
der mich
in seine Hand geschrieben hat
und mich beim Namen ruft

2. Zumutung Alter – „nicht mehr!"

Wie schön wäre es, bestände das Alter für alle nur aus Erfahrungen, wie wir sie im ersten Kapitel ausgeführt haben: alt werden in Lebendigkeit! Glücklich, wer sein Alter so erlebt! Solch gutes Erleben mischt sich für andere aber mit Erfahrungen, die lange nicht so gut und lebendig sind.

Alterserscheinungen

Der alt werdende Mensch spürt mit unterschiedlicher Erfahrungsdichte, dass er *manches* noch gut, zum Teil sogar sehr gut kann, aber nicht mehr *alles*: Einige Eckpunkte veranschaulichen das:

– Sie hat noch Kräfte – aber nicht mehr alle.
– Er wäre noch in der Lage – ist aber nicht mehr gefragt.
– Sie ist noch gefragt – aber die Kräfte lassen nach.
– Manches will er noch – und kann es nicht mehr.
– Manches soll sie noch – und will es nicht mehr.
– Manches darf er noch – und kann es nicht mehr.
– Manches kann sie noch – und darf es nicht mehr.

Ob es einem alten Menschen passt oder nicht, ob er es wahrhaben will oder nicht: Tatsache ist für viele, dass im Alter die Kräfte nachlassen, manchmal rapide schnell, manchmal in kleinen, kaum bemerkten Schritten: Plötzlich fragt dich jemand: „Sag mal, brauchst du ein Hörgerät? Du fragst so oft nach!" Oder du interessierst dich beim Stadtbummel plötzlich für die Schaufensterauslagen, bleibst immer wieder davor stehen – in Wirklichkeit kaschierst du damit bewusst oder unbewusst, dass du öfter eine Pause brauchst. Kurz: Der alte Mensch nimmt Defizite an sich wahr, die er bis dahin nicht kannte. Das sind Verlusterfahrungen, die verkraftet sein wollen.

Die einen nehmen es gelassen. Sie sagen sich: „Das ist der Preis dafür, dass ich noch leben darf!" Das sind glückliche Menschen, nicht selten mit einer guten Portion Humor ausgestattet. Andere leiden darunter, dass sie nicht mehr können, wie sie möchten, dass ihr Leben beschwerlicher wird, dass sie Schmerzen haben. Wieder andere fühlen sich in ihrer Eitelkeit gekränkt: Ich, „der sportliche Typ", der sich gelegentlich selbst vor dem Spiegel bewundert: „Ich habe mich doch ganz gut gehalten!", ich muss mir eingestehen, dass manches nicht mehr so gelingt oder funktioniert wie früher – und andere merken das auch noch. Mancher erlebt diesen Einbruch besonders krass, wenn neben ihm Jüngere heranwachsen, in denen sich mit Lebensfreude die Kompetenz entfaltet, die bei einem selbst abnimmt.

Einige solcher Verlusterfahrungen sind:

– Ich werde vergesslich und begreife mühsamer.
– Ich werde langsamer, meine Finger werden ungeschickter, meine Fingerspitzen verlieren ihre Sensibilität, meine Schrift wird „krakeliger".
– Meine Augen sehen nicht mehr so gut wie früher. Meine Ohren hören nicht mehr so gut, ich muss häufiger nachfragen – oder ich werde belächelt, weil ich etwas falsch verstanden habe, was natürlich nur daran liegt, „dass die anderen so mundfaul sind und so undeutlich sprechen".

– Mein Gang wird unsicherer, meine Bewegungen werden schwerfälliger, ich erlebe Schwindelgefühle beim Gehen. Die Haut wird faltiger und fleckiger, das Haar dünner und grauer …

Natürlich trifft das alles nicht geballt auf jeden zu. Aber viele machen solche und ähnliche Erfahrungen. Der Umgang damit ist sehr unterschiedlich. Nicht wenigen rauben solche Defizit-Erfahrungen im Alter die Lust am Leben. Wer dann seine Grenzen annehmen und bejahen kann, wird nicht unglücklich. Wer das nicht kann, wird mit jedem Tag, den er älter wird, unglücklicher, unzufriedener und nicht selten verbitterter, einsamer, manchmal sogar bösartig.

Die Sehnsucht drängt ja den Menschen zu dem hin, was er nicht (mehr) hat bzw. ist. Mancher ältere Mensch verfällt angesichts solcher Defizite einem Jugendlichkeitswahn: „Das kann ich doch noch! Denen werde ich es zeigen!“ Wer das öffentlich ausspielt, macht sich nur zu oft lächerlich und ebenso zum Narren wie der, der will, dass nur ja keiner seine beginnenden Probleme merkt – und alle merken es doch! Zur tragischen Figur wird, wer sich das zum stillen Vorwurf gegen sich selbst macht und darum diese wahrnehmbaren Defizite um keinen Preis zur Sprache bringt: Sie oder er setzt sich dadurch unter einen Leistungsdruck, der ihr/ihm den Atem nimmt.

Mancher alte Mensch lebt angesichts dessen, was nachlässt oder nicht mehr möglich ist, mit einem „eigentlich“: „Eigentlich müsste ich das alles noch schaffen, ich bin doch noch so ‚clever‘.“ Doch ändern diese Selbsttäuschungen nichts an der Realität: Das Haar ist grau, da kannst du färben, so viel du willst! Die Knie sind kaputt, du kannst nicht mehr „aufs Matterhorn steigen“, die nächste Treppe ist grad mühsam genug! Du brauchst dein Hörgerät, offen oder versteckt, genauso wie du, wenn auch mit viel größerer Selbstverständlichkeit, eine Brille trägst.

Wer diese Realitäten annimmt und ja dazu sagt, bleibt oder wird gelassen. Sie oder er kann trotz solcher durchaus schmerzlichen Verlusterfahrungen glücklich und zufrieden sein. Nicht selten überraschen Senioren, die das können, mir einer kräftigen Portion Humor. Sie können sich selbst „auf die Schippe nehmen“, über sich und ihre Situation schmunzeln, auch wenn das manche heimliche Träne kostet.

„Jetzt bin ich nichts mehr!"

Er ist uns noch lebendig vor Augen, der liebenswürdige, aber auch resignierte alte Pater. Er saß auf der Sitzfläche seines Rollators in der Gesprächsrunde. Jeder erzählte von seinen Erfahrungen mit dem Alter. Als er an der Reihe war, sagte er: „Ich war Pfarrer, angesehen, die Menschen mochten mich und zeigten das auch. Sie kamen mit ihren Sorgen zu mir. Und jetzt sitze ich hier auf der Pflegestation. Allein! Das Leben geht an mir vorbei. Keiner interessiert sich mehr für mich und meine Geschichte. *Jetzt bin ich nichts mehr.*“

Diese Erfahrung macht so mancher alte Mensch. Das Leben geht ohne mich weiter, es geht an mir vorbei. Wo ich einmal Beachtliches geleistet habe, schaffen jetzt andere. Sie tun es genauso erfolgreich wie ich früher. Die Erde dreht sich weiter – auch ohne mich. Das ist ernüchternd: Es geht auch ohne mich! – nicht selten: Ohne mich geht es sogar besser, auch wenn ich das nicht wahrhaben will! Manches wird anders angegangen, als ich es gemacht habe – und es geht sogar erstaunlich gut. Manches wird jetzt angepackt, wo ich gekniffen habe – und Fehler, die ich gemacht habe, werden jetzt korrigiert. Das schmerzt, auch wenn der Kopf weiß: Es ist richtig so.

„Jetzt bin ich nichts mehr!“, sagte der alte Pater. Mit ihm sagen es viele ältere Menschen, die sich auf dem Abstellgleis fühlen. Das Alter kennt eine Dimension, die den Menschen gesellschaftlich und oft auch familiär in ein Loch fallen lässt, weil er erfährt: Die brauchen mich nicht mehr! Mich fragt keiner mehr. Ich bin nicht einmal mehr gefragt!

Tragisch ist es, wenn dabei „haben“ und „sein“ verwechselt werden: „Ich habe nichts mehr, also bin ich auch nichts mehr.“ Was daran stimmt: Als alter Mensch habe ich wirklich nicht mehr das in der Hand, was ich einmal hatte: Macht, Einfluss, gesellschaftliche oder auch familiäre Stellung, Kontakte zu Kindern und Enkeln, erst recht, wenn sie weit weg wohnen. Für meine Aufgaben sind jetzt andere da. Meine Verwandten leben in neuen Kreisen, in Nachbar- und Freundschaften, da ist für mich kaum noch Platz. Meine reichen Erfahrungen, gesammelt im Laufe vieler Lebensjahre, interessieren niemanden mehr. Das schmerzt. Aber dadurch verliert der alte Mensch doch nicht an Wert und an Würde!

Mancher nimmt das allerdings so wahr. Diese Wahrnehmung wird verstärkt, wenn jemand im aktiven Leben seine Identität und sein Selbstwertgefühl aus dem genährt hat, was er darstellte oder an Leistung erbracht hat: „Leistest du was, dann bist du was.“ Fällt all das weg, bist du wirklich nichts mehr.

Darum kann ein Mensch nicht früh genug damit anfangen, sein Selbstwertgefühl aus anderen Quellen zu speisen. Das kann die Liebe und Zuneigung von Menschen sein, die nicht „den Fachmann, die Fachfrau“ lieben, sondern einfach den Menschen. So tun es doch auch die Enkelkinder. Sie freuen sich über Oma und Opa, weil sie spüren: „Die haben mich gern!“ Eine solche Quelle für das Selbstwertgefühl ist nicht zuletzt das Vertrauen: Gott hat mich geschaffen, er liebt mich, er gibt mir meine Würde – bedingungslos, ohne dass ich etwas dafür leisten müsste. Ich *bin* wer, und das bleibe ich auch!

Unsere Gesellschaft ist gerade dabei, Hochaltrigen diese Würde abzusprechen, weil sie nichts mehr leisten. Darum laden wir jeden alten Menschen ein: Sei dir deiner Würde bewusst! Lass dir deine Würde nicht nehmen! Auch wenn dafür die gesamte Gesellschaft mitverantwortlich sein muss, du bist vor allem selbst gefordert. Steh zu deiner Würde, dann kann dir das Verhalten anderer nichts anhaben.[10]

Die Krone deiner Würde reicht dir Gott, aber du selbst musst sie dir aufsetzen

Das gilt gerade auch dann, wenn du „nichts mehr bist“, wenn du nur noch langsam kannst, wenn du nicht mehr alles mitbekommst und nachfragen musst, wenn andere sich über deine Begrenztheiten lustig machen, wenn du nackt auf dem Bett liegst und gepflegt werden musst … Setz dir die Krone auf, wenn du deine Defizite spürst und erleidest, wenn dir das Fragmentarische deines Lebens schmerzlich bewusst wird, wenn du loslassen musst und es dir schwerfällt. Auch wenn dir der Respekt vor deiner Würde nicht gezollt wird, du hast sie und sie gebührt dir bis zum letzten Atemzug. Darum sag ja zu deinem Alter – und auch zu seinen Begrenztheiten, setz dir die Krone deiner Würde auf!

Altersängste

Verlusterfahrungen, wie wir sie bedacht haben, prägen den Menschen, der sie durchlebt. Sie durchkreuzen Pläne und Lebensentwürfe. Mehr und mehr wird mir bewusst: Was ich einmal war und geleistet habe, gehört unwiederbringlich der Vergangenheit an.

So ist es kein Wunder, wenn solche Erfahrungen Ängste auslösen. Leopold Rosenmayr, 2016 verstorbener Altersforscher aus Wien, hat für diese Ängste eine hilfreiche Unterscheidung formuliert[11]: Er unterscheidet zwischen „*Beschädigungsangst*" und „*Beschämungsangst*".

Beschädigungsangst ist, wie das Wort sagt, Angst vor Schaden. Das Alter kann dem Menschen Schaden zufügen, wie etwa die verflixten vier „I": *I*nkontinenz, *I*mmobilität, *I*solation, *I*ntelligenzeinbuße. Andere Schäden sind sehr alltäglich: Da kann z. B. einer mit seinen gefühllos werdenden Fingerspitzen die Batterie im Hörgerät nicht mehr wechseln. Eine andere weiß nicht über die Straße zu kommen, weil die Ampelphase „kürzer geworden ist" – in Wirklichkeit ist sie selbst langsamer geworden. An der Kasse im Supermarkt dauert und dauert es, weil die leicht zitternden Hände noch den letzten Cent suchen, während die Nachfolgenden ungeduldig „mit den Hufen scharren". Eine für viele bedrückende Schadenserfahrung ist die Vergesslichkeit. Ich stehe vor einem Menschen, ich kenne ihn gut, doch mir fällt der Name nicht ein. Krampfhaft suche ich nach Umwegen in der Anrede. Oder ich will erzählen, dass ich getankt habe, und mir fällt das Wort „Tankstelle" nicht ein; ich suche nach dem Wort und sage schließlich „da, wo man Benzin kriegt". Stress pur! Eine andere Situation: Ich habe etwas vor und weiß nicht mehr, was. Ich öffne den Kleiderschrank – und ich weiß nicht mehr, was ich suche. Ich will etwas erzählen, aber bis ich zu Wort komme, weiß ich nicht mehr, was ich sagen wollte. Eine sehr typische Erfahrung ist: Ich suche mein Portemonnaie und finde es nicht. Spontan schießt mir durch den Kopf „Ich bin bestohlen worden". Und das spreche ich auch noch aus, verletze dadurch andere. Schließlich findet es sich unter dem Stapel Hemden im Schrank wieder. Diese Aufzählung ließe sich beliebig fortsetzen.

Angst vor solchen Beschädigungen leitet oft das Verhalten älterer Menschen. Aus der Vielzahl anderer Altersängste seien noch einige genannt, die die österreichische Psychoanalytikerin Eva Jaeggi[12] benennt:

- die Angst „verrückt" zu werden, dement, nicht mehr Frau/Herr meiner Sinne zu sein. Jede normale, kleine Vergesslichkeit schürt diese Angst.
- die Angst um die Existenz: Reichen meine finanziellen Mittel bis zu meinem Tod aus? Werde ich von meiner Rente leben können – gerate ich in Altersarmut?
- die Angst vor Hilflosigkeit und Ausgeliefertsein: „Nur ja nicht von anderen abhängig sein, pflegebedürftig und bis in die Intimität hinein hilflos."
- die Angst vor Krankheit – und allem, was damit verbunden sein kann: Krankenhausaufenthalt, Schmerz, Bettlägerigkeit, Medikamente, wiederholte Arztbesuche,

helfende Unterstützung. Dabei soll nicht verschwiegen werden, dass Krankheit oft als einziges Thema im Alter noch interessant ist und mich, wie ich glaube, interessant macht. Daher ist Krankheit oft ein sehr dominantes Thema, das mich wichtigmachen soll, aber anderen auf den Nerv geht.

– die Angst nicht vor dem Sterben, aber vor qualvollem Sterben. Und das Sterben rückt Jahr für Jahr einfach näher! Das weiß jeder. Um mich herum wird es mit dem Wandern des Uhrzeigers einsamer.
– die Angst, den Herausforderungen nicht gewachsen zu sein, z. B. wenn die Treppe in den 3. Stock immer beschwerlicher wird – und einen Aufzug gibt es nicht!
– die Angst, zu kurz zu kommen. Wenn ich nicht mehr aktiv am Leben teilnehmen kann, stellt sich leicht die Angst ein, übergangen oder übersehen zu werden, benachteiligt zu sein, den Kürzeren zu ziehen, leer auszugehen, ins Hintertreffen zu geraten, nicht genug zu bekommen.
– *Angst vor dem, was nach dem Tod kommt* – diese Angst fügen wir den Ängsten nach Eva Jaeggi hinzu. Viele alte Menschen sind mit dem Bild eines strengen und strafenden Gottes groß geworden. Das weckt Fragen! Was erwartet mich, „wenn ich da oben ankomme"? Solche Erfahrungen führen nicht selten zu Beklemmung und Unruhe – bis dahin, dass das Sterben dadurch erschwert wird. Auf das Thema „Gottesbild" werden wir im letzten Kapitel noch ausführlich eingehen.

Altersbedingte Defizite beschädigen den Menschen. Es ist normal, dass er Angst vor solchen Schäden und vor ihren Folgen hat. Die emotional gewichtigere Folge ist die

Beschämung! Sie macht dem alten Menschen die größere Angst: *Beschämungsangst*. Sie setzt im Augenblick der Beschädigung als Reflex ein: Werden die anderen über mich spötteln und lachen, wenn sie mitbekommen, dass mir der Name nicht mehr einfällt, dass ich vergessen habe, was ich will …? Was werden sie über mich denken, was weitererzählen? Ich befürchte, dass ich an Ansehen und Achtung verliere, dass ich mich lächerlich mache. Um dem zu entgehen, brüten manche, meist unter großem innerem Stress, die verrücktesten Ausreden aus, um ihr Gesicht zu wahren, obwohl jeder diese Spitzfindigkeiten durchschaut.

Die Angst vor der Beschämung sitzt tief. Das geht an meine Personenehre und -würde. In solchen Ängsten hilft es nicht, wenn nur auf die Beschädigung reagiert wird: „Das ist doch alles nicht so schlimm! Das haben wir schnell repariert! Dann kaufen wir eben ein neues …" Dagegen hilft, wer die Beschämung wahr- und ernst nimmt, auf Spott und Überheblichkeit verzichtet – aber die Betroffenen auch nicht durch zu fürsorgliches Einfühlen demütigt.

Beschämung ist ein subjektives Erleben. Meist geht meine Umgebung viel selbstverständlicher mit solchen Begrenztheiten um als ich selbst. Der Umgang mit der Beschämung ist eine Frage an das Umfeld des alten Menschen, aber auch an den alten Menschen selbst. Lernt sie oder er, mit den Beschädigungen, die Teil des Altwerdens sind, umzugehen, hält sich auch die Beschämung in Grenzen. Dazu gehört allerdings ein gehöriges Maß an Demut. Sie lässt mich in die Tatsache einstimmen, dass die Vitalität der besten Jahre nicht mehr blüht, dass meine Vitalität im Alter auch darin besteht, mit Grenzen zu leben. Sie hilft mir, „mit einer Träne im Auge lächelnd dem Leben zuzustimmen".

Biblische Vertiefung

Dieses Kapitel schaut auf Erfahrungen und Ängste im Alter. Am tiefsten berührt uns dabei die Klage des alten Paters: „Jetzt *bin* ich nichts mehr!“: ein Ende in Bedeutungslosigkeit! Für das Miteinander von Menschen mag das zutreffen, aber nicht für Gott. Für ihn wird keiner bedeutungslos!

Das durfte der „kleine Mann“ Zachäus erleben. Die Menschen haben ihn übersehen, Jesus nicht. Er sieht diesen kleinen, unbedeutenden Mann, der auf den Maulbeerfeigenbaum gestiegen ist, um ihn besser sehen zu können. Er spricht ihn sogar mit Namen an (vgl. Lk 19,1–10). Bei Gott bist du immer „wer“, bei ihm hast du einen Namen, auch wenn viele dich übersehen, auch wenn du in den Augen anderer ein „Nichts“ bist!

Maria, das unbedeutende Mädchen in Nazareth, staunt über Gott, der „auf ihre Niedrigkeit geschaut“ und ihr dadurch Bedeutung gegeben hat (Magnifikat). Immer ist es Gott, der den Anfang macht. Dieser Anfang besteht darin, dass er mich im Blick hat. Der Blick Gottes gibt mir Bedeutung. Dieser Blick Gottes macht mich groß. Auch wenn meine Kräfte schwinden, auch wenn die Erfahrung von Einsamkeit zunimmt, ich bleibe in Gottes Blick. Das lässt leben.

Der Blick Gottes will mir die Angst nehmen. Viele Begegnungen mit Jesus, nicht zuletzt dem Auferstandenen, beginnen mit der Einladung „Fürchte dich nicht!“; näher am Leben ausgedrückt: „Hab keine Angst!“ (in „Die gute Nachricht“, Stuttgart 1976). Natürlich überwindet ein Satz nicht einfach die Angst. Gleichwohl will dieses Wort Jesu ermutigen, in der Angst Vertrauen zu wagen.

„Wahrlich, ich sage dir: Als du jünger warst, gürtetest du dich selbst und gingst, wo du hinwolltest; wenn du aber alt wirst, wirst du deine Hände ausstrecken, und ein anderer wird dich gürten und führen, wo du nicht hinwillst" (Joh 21,18). Das sagt Jesus dem Petrus.

Das ist ein prophetisches Jesus-Wort auch für viele alte Menschen. Das Leben eines Menschen verläuft ja in einem Zusammenspiel von Eigen- und Fremdbestimmung. Es beginnt fremdbestimmt: Keiner fragt dich, ob du diese Eltern willst oder nicht. Keine fragt dich, ob du getauft werden willst oder nicht, wenn du als Kind getauft wirst. Keiner fragt dich, ob du auf dem Land, in der Stadt oder auf dem Dorf aufwachsen willst, keine fragt dich, ob du Deutscher sein willst …

Dann erwachen nach und nach die Eigenvorstellungen vom Leben, beginnend mit einem „Ich will nicht!" Schritt für Schritt erobert das Kind die Welt auf eigenen Beinen, findet seine eigenen Spuren ins Leben. Es will sein Leben in die eigene Hand nehmen: „Ich kann schon alleine!" Der erwachsene Mensch hält vieles selbst in der Hand, entscheidet, was er tun und lassen will – auch wenn gesellschaftliche oder berufliche Zwänge das oft nicht zulassen. Das Alter bringt dann aber für viele einen gravierenden Einschnitt, speziell, wenn die Phase der Hochaltrigkeit näherrückt. Da werden einem Menschen oft Wege aufgezwungen, die er selbst nicht wählen würde. Es bleibt keine Wahl. Die Partnerin, der Partner stirbt. Der Weg ins Senioren- oder ins Pflegeheim wird unumgänglich. Sie/er kann nicht mehr, wie sie/er will. Da kann das Alter zur Last werden. Die Bibel kennt diese Erfahrung. Sie wird dem Petrus nicht nur vorausgesagt, er wird diesen Weg auch geführt – bis ans Kreuz. Was ihn dabei trägt, ist die Gewissheit: Gott ist mit mir!

Anregungen aus der franziskanischen Spiritualität

Die Biographen des Franziskus erzählen, dass er den einzelnen Bruder im Blick hat. Besonders eindrucksvoll ist davon in der „Dreigefährtenlegende“ zu lesen: Franziskus hat mit seinen Brüdern in einem ärmlichen Schuppen in dem Nest Rivotorto Unterschlupf gefunden. Dann heißt es wörtlich: *„Der Mann Gottes schrieb die Namen der Brüder auf die Balken jenes Schuppens, damit jeder, wenn er ruhen oder beten wollte, seinen Platz fand“* (Gef 55, FQ 642). Jeder Bruder hat einen Namen, gleich wer er ist, wie bedeutend oder unbedeutend. Wie und weil Gott jeden im Blick hat, hat auch Franziskus den einzelnen im Blick, ob er nun „etwas ist“ oder nicht. Das gibt dem Bruder Bedeutung!

Beschämung, auch diese Erfahrung kennt Franziskus. Den Bruder, der nicht die Kraft hat, die Fastenzeit auszuhalten, stellt er nicht bloß. Er isst mit ihm, um ihm eine Beschämung zu ersparen. Franziskus hat ein Gespür dafür, wie verletzend es ist, wenn ein Mensch beschämt wird. So stellt er auch die Priester nicht bloß, die die Sauberkeit ihrer Kirchen vernachlässigen. Er nimmt einfach einen Besen, fegt selbst die Kirchen aus, nimmt die Priester beiseite und fordert sie zur Sauberkeit im Gotteshaus auf. So erspart er ihnen die Beschämung.

Meditation

Jetzt bin ich nichts mehr –
ein Ende in Bedeutungslosigkeit

es ist schmerzlich
im Altsein
nicht mehr gefragt zu sein
nicht mehr leistungsfähig
nicht mehr zeitgemäß
nicht mehr „up to date"
nicht mehr im Blick …
ein Nichts
„altes Eisen"

immer mehr
Einschränkungen
Begrenzungen
Abschiede und Verluste

jetzt bin ich nichts mehr –
ein Ende in Bedeutungslosigkeit

Gott sieht das anders – so die Bibel
sein Blick erfasst den ganzen Menschen
liebevoll
wertschätzend
ermutigend

unter diesem Blick
wächst der kleine Zachäus
über sich selbst hinaus
erfährt ein unbedeutendes Mädchen
seine nicht alltägliche Berufung
übernimmt ein wankelmütiger Petrus
sein Leitungsamt
verlassen gestandene Fischer
ihre Netze
wird die „stadtbekannte“ Frau
Jesu Vertraute

unter diesem liebenden Blick bist du „wer“
ein Leben in Bedeutung

3. Altersweisheit – Leben ist Fragment

Fragment – eine befreiende Dimension

Die Feststellung „Leben ist Fragment“ hat in unserer Auseinandersetzung mit dem Thema „Alter“ einen immer höheren Stellenwert bekommen, ergibt sich doch aus ihm eine sehr befreiende Perspektive. Zwar erinnert das Stichwort „Fragment“ an Zerbrochenes, Zerstörtes, Unvollständiges oder Unvollkommenes. Doch bei gründlichem Hinsehen bekommt genau das eine befreiende Dimension für mein Alter: Jedes Leben *ist* und *bleibt* Fragment. Ich muss mich auf meine alten Tage nicht damit herumquälen, dass mein Leben Unvollständiges, Verpasstes und auch Versagen kennt. Im Blick darauf soll ein alter Missionar einmal gesagt haben: „Wenn der Herrgott das am jüngsten Tag nicht anspricht – ich fange nicht davon an!“ Dieser schmunzelnde Satz weiß, dass Leben unvollkommen bleibt und dass jeder Mensch in der Bilanz seines Lebens Unvollendetes und Nicht-zustande-Gekommenes vorzuweisen hat. Dazu ja sagen können ermöglicht ein Alter, das befreit ist vom Zwang der Illusion der Vollendung.[13]

Aus dem Wissen darum kann Lebensmut wachsen. Stärker als in jungen Lebensjahren, in denen das Abenteuer des Lebens lockt, ist das Alter ein Abenteuer ganz eigener Art. Der alte Mensch ist im letzten Viertel der „Bergtour seines Lebens“ angekommen. Vor sich hat er das letzte Steilstück zum Gipfel, zum Ziel. Aber er verweilt nun auch öfter, setzt sich, im Bild gesprochen, auf einen Stein und schaut rückwärts.

In dieser Rückschau wird sie/er manches entdecken, was sie/ihn glücklich und auch ein bisschen stolz macht. Zu Recht! Aber je mehr Lebensjahre sich sammeln, desto mehr kommt auch diese andere Seite in den Blick, die mancher gar nicht so gern anschaut: Unvollendetes, Unvollkommenes, Missglücktes, Zerbrochenes, Scherben, Trümmer – in jedem Leben in unterschiedlichem Maß. Bei allem Stolz auf Gelungenes, der Rückblick kennt auch den Schmerz über all das Unvollkommene, nicht zuletzt über viel ungelebtes Leben. Mancher kennt auch die Scham über angerichtetes Unheil im eigenen und im fremden Leben: „Und der ich bin, grüßt traurig den, der ich könnte seyn."[14]

Die Entdeckung des Unvollendeten

Das steht im krassen Gegensatz zu manchen Theorien und Schön-Reden vom Alter: „Der Mensch gelangt im Alter nicht nur an sein Ende, sondern auch an seine Vollendung. Das Leben gewinnt im Altwerden seine Abrundung und Vollendung. Ja geradezu als Zielsetzung wird für das Alter unterstellt, das Leben müsse in dieser Phase ‚zur Ganzheit' gelangen."[15]

Das sind schöne, wohlklingende Worte und Gedanken! Und da sitze ich nun auf meinem Stein, schaue in meine Vergangenheit, halte Rückschau und sehe wenig Abgerundetes und Vollendetes. Das lässt mich nicht kalt. Es macht mich unruhig, unzufrieden, ärgerlich; manche macht es ängstlich, wenn sie als Christinnen und Christen an den „lieben Gott, der alles sieht“, denken, der dabei nicht schmunzelnd mit dem Auge zwinkert.

Auch sehe ich im Rückblick viel ungelebtes Leben: Ich habe Chancen nicht wahrgenommen, die mir geboten wurden. Ich habe Chancen nie bekommen, die anderen wie reife Früchte in den Schoß fielen. Ich bin in armen Verhältnissen groß geworden und konnte mir vieles nicht leisten, was anderen gegeben war. Ich hatte keine Möglichkeiten, etwas zu lernen, „weil wir kein Geld hatten, während die anderen studieren durften“, erzählt eine 75-Jährige.

Unterschiedlich sind die Erfahrungen des Unvollständigen oder gar des Zerbrochenen: Viele stehen auf den Trümmern ihrer Lebenspartnerschaft. Alles hatte so gut und hoffnungsvoll angefangen. Der Himmel hing voller Geigen. Und dann ist etwas zerbrochen, überfallartig oder schleichend, sie haben sich auseinandergelebt. Nun stehen sie auf den Trümmern ihres Glücks.

Es gab Brüche im Leben: der Verlust des Arbeitsplatzes, die Kündigung der Wohnung, der Einbruch einer Krankheit, die alles veränderte, der Unfall, nach dem nichts mehr war wie vorher. Sie hatten sich ihr Leben total anders vorgestellt und erträumt. Doch die Dinge gingen ihren eigenen Weg.

Blicke ich in mein Leben, muss ich enttäuscht feststellen: So manches, was ich angefangen habe, ist misslungen. Ich habe es nicht fertiggebracht. Ich habe mich vielleicht sogar lächerlich gemacht. Ich stehe auf den Scherben von Hoffnungen und Zukunftsträumen. Was ich nicht alles wollte! Was ich nicht alles guter Hoffnung angefangen habe! Aber ich war begrenzt und schaffte es nicht. Das Schicksal hat Türen zugeschlagen, durch die ich gehen wollte. Ich, der

„starke Held", bin „Normalverbraucher" geblieben, einer von Tausenden. Vollendung sieht anders aus!

Würden die Denkansätze stimmen, „dass das Leben eines Menschen im hohen Alter nicht nur an sein Ende gelangt, sondern zur Vollendung kommt"[16], dann wäre unsere Welt, in der so viele Hochbetagte, so viele „Vollendete" sich tummeln, schon fast das Paradies. Doch die Wirklichkeit ernüchtert: Ein Großteil der Alten und Hochbetagten hat nicht das Lebensgefühl von Vollendung und Rundung. Sie finden sich nicht nur nicht auf der Seite des Glücks, sie sehen sich auch auf Trümmern. Sie schauen rückwärts und trauern verpassten Chancen nach. Sie entdecken in ihren gelebten Jahren auch ungelebtes Leben. Sie müssen sich damit auseinandersetzen, dass sie Scherben und nicht formvollendete Gefäße in Händen haben. Hat der Mensch in seiner vitalen Lebensphase meist die Energie, das erfolgreich zu verdrängen, sich selbst und anderen etwas vorzuspielen, kann er im Alter diesen Fragen kaum ausweichen.

Zusammengefasst: Ich entdecke in meiner Vergangenheit und Gegenwart viele Fragmente, trotz meiner Sehnsucht nach Vollendetem.

„... fang den Tag nicht mit den Scherben von gestern an"

Wie kann ein Mensch im Alter mit so viel Unvollkommenheit im Gepäck leben? Die einen jagen dem Unerreichbaren nach, gehetzt, getrieben, nie am Ziel, weil das Ziel unerreichbar ist. Die anderen sind enttäuscht, verbittert, traurig über sich selbst: Sie leben vom *eigentlich*: „Eigentlich sollte, müsste, könnte ... ich." Das „eigentlich" hindert sie daran, Realisten zu sein. Andere reden ihre

Begrenztheit aus der Welt – damit sie nur ja keiner merkt. Wieder andere lassen sich in eine atemlose Hektik treiben: Ich muss noch zum Abschluss bringen, was unvollendet ist. Ich muss nachholen, was ich an Leben versäumt habe. Ich muss korrigieren, was mir misslungen ist. Ich kann nicht loslassen, was ich längst nicht mehr festhalten sollte. Mancher kann nicht sterben, weil sie oder er ein unvollendetes Leben aus der Hand geben muss. Allen diesen Lösungsversuchen ist gemeinsam: Wer meint, so das Problem der Unvollkommenheit und des Stückwerks zu lösen, wird nicht glücklich, denn Leben ist und bleibt Fragment – für jeden!

Phil Bosmans[17] spricht da befreiende Gedanken aus:

> „Fange den Tag von heute nicht mit den Scherben von gestern an! ... An ihnen kannst du nichts mehr ändern! ... Es gibt Scherben, die wirst du los, wenn du sie Gott in die Hände legst. ... Und es gibt Scherben, die du mit aller Liebe nicht heilen kannst. Die musst du liegen lassen."

Die Botschaft zwischen diesen Zeilen lautet: Du musst nicht vollkommen sein, ja, du kannst es nicht. Was immer du tust, es ist und bleibt Fragment – und das darf so sein, denn du bist ein Mensch und nicht Gott, du bist Geschöpf und nicht der Schöpfer. Er allein ist vollkommen. Es gehört zum Wesen des Menschen, dass er unvollkommen ist, dass er nicht alles kann, was er möchte, dass er manche Ziele nicht erreicht, dass er sich entscheiden muss und bei seinen Entscheidungen andere Möglichkeiten ausschließen muss. Es gehört zum Wesen des Menschen, dass in allen seinen Lebensphasen, auch in der des Alters, seine Kräfte nicht ausreichen und er hinter dem zurückbleibt, was er möchte. Der Mensch bleibt als Geschöpf unvollendet, fragmentarisch.

Das Fragmentarische bejahen

Diese Einsicht wird im Alter mit jedem Tag wichtiger. Denn die Sehnsucht nach Rundung und Vollendung bleibt ja lebendig. Sie drängt den alten Menschen, sich dem Unvollendeten in seinem Leben zu stellen. Je überschaubarer die noch zu erwartende Lebenszeit ist, je mehr Jahre er schon angesammelt hat, desto mehr neigt er zum Rückblick: Und da rücken seine „Heldentaten" genauso wie seine Scherben und Bruchstücke in den Blick. Dazu ja sagen wollen und können ist ein befreiender Schritt zu zufriedenem Altsein. Die Engländer machen es mit Humor: „Nobody is perfect!" sagen sie und schmunzeln über sich selbst.

Schuberts „Unvollendete" wird da zum sprechenden Bild für das menschliche Leben, unvollendet, aber großartig – wie der Mensch selbst! Wer sich zu dieser Einsicht durchringt, kann seine alten Tage in Frieden leben, denn er war, wozu er geboren wurde: ein Mensch.

Sterben und Tod

Die intensivste Erfahrung des Fragmentarischen sind Sterben und Tod. Da bricht das Leben ab, vorbereitet, erwartet – oder unerwartet und plötzlich. Unser Erdendasein lebt in zeitlichen Grenzen. Die Sehnsucht nach ewigem Leben muss erkennen: Erdenleben bleibt immer Fragment, es kann nie das Ganze sein. Ich muss nur die Augen aufmachen, um diese Wirklichkeit zu sehen. Das weiß der Kopf.

Und das Herz? Und die Sehnsucht, die im Menschen lebt, die über den Tod hinaustastet und nach Leben sucht? Beide wehren sich. Dieses ganze unvollkommene Leben soll alles sein? Die Fragestellung vertieft sich im Alter, auch weil der Tod näherrückt. Nicht wenige alte Menschen lesen die Lokalzeitung von hinten: Auf den letzten Seiten stehen die Todesanzeigen. Dabei interessieren sie sich weniger für Namen und Schicksale. Vielmehr schauen sie nach den Geburtsdaten. Und sie beobachten, wie die Welle der Geburtsjahrgänge langsam dem eigenen naher rückt. Das bedrängt viele. Aber auch wenn sie die Augen vor dieser Wirklichkeit verschließen, ist sie gegenwärtig, und in einsamen Stunden „krabbelt" sie unter die Haut. Der Tod macht das Leben zum Fragment, zum nicht Abgeschlossenen.

Wie alles Fragmentarische will auch der Tod als Wirklichkeit angeschaut werden: Das ist so! Glücklich, wer das ehrlich bejahen und annehmen kann – gerade im Alter! Das muss nicht Beklemmung und gebanntes Starren auf das Ende auslösen. Das kann auch befreien. Ich weiß, den größten Teil meiner Lebensjahre habe ich hinter mir, den kleineren Teil vor mir. Wie viel Zeit mir noch bleibt, weiß ich nicht, auch wenn ich hoffe: viel Zeit!

Auf jeden Fall steht mir im Alter nur noch begrenzte Zeit zur Verfügung. Wenn etwas nur begrenzt vorhanden ist, wird es dadurch wertvoll! Das ist in allen Lebensbereichen so. Diese überschaubare Zeit lädt mich ein, sie als Wert zu schätzen! Wie will ich die wenige Zeit, die mir bleibt, nutzen? Lasse ich sie einfach nur dahinfließen – oder will ich sie genießen: jedes Jahr, jeden

Monat, jeden Tag, jede Stunde? Die Begrenztheit meines Lebens eröffnet mir die Chance, jeden Tag als geschenkten Tag zu leben, hier und heute! Alte Menschen, die so leben können, strahlen eine glückliche Gelassenheit aus, die ihrer Umgebung, vor allem aber ihnen selbst guttut.

Biblische Vertiefung

Paulus: „Stückwerk"

„Stückwerk ist unser Erkennen, Stückwerk unser prophetisches Reden; wenn aber das Vollendete kommt, vergeht alles Stückwerk" (1 Kor 13,9f). Leben wird nie ganz und vollendet sein, sondern es bleibt mit Paulus: „Stückwerk". Der alte Mensch muss sich mit dieser enttäuschenden Wirklichkeit abfinden: Wenn ich vor den Schöpfer trete, kann ich ihm nur Fragmente hinhalten! Mit dieser Wirklichkeit kann ich leben, wenn ich in das Fragmentarische meines Lebens einstimme und vertraue: Was bei mir unvollendet zu Ende geht, was ich als Stückwerk aus der Hand geben muss, vollendet Gott.

Fragmentarisches im Leben Jesu

Das war auch bei Jesus so. Was hat er denn in Händen, als er am Kreuz stirbt? Ein klägliches Scheitern! Er hatte so vieles vor – am Kreuz ist es zerbrochen. Sein Kreuz wird zum Symbol fragmentarischen Lebens. Am Kreuz hängt kein strahlender Held. Auch das Grab Jesu ist eine Stätte begrabener Hoffnung und zerbrochener Träume – genauso wie unsere Gräber. In denen liegen doch auch Lebensfragmente, begrabene Hoffnungen, zerbrochene Träume, zerstörte Sehnsucht. Wie Jesus können auch wir nur sagen: „Vater, in deine Hände."

Und der Vater? Er vollendet! In der Auferweckung vollendet Gott das, was im Leben Jesu Fragment geblieben ist, rundet die „unvollendete Symphonie" seines Lebens. Gott allein kann vollenden. Wir können unser Leben nur zu Ende gehen lassen, im günstigsten Fall zum Abschluss bringen. Gott kann und wird auch die unvollendete Symphonie meines Lebens runden.

Fragmentarisches im Leben Marias

Das können wir auch an der Frau ablesen, die ihr ganzes Dasein in den Dienst Gottes gestellt hat: Maria. Trotz der Größe ihres Tuns ist es nur Stückwerk, was Maria zum Leben Jesu beiträgt. Bei der Hochzeit zu Kana kann sie nur ihr „Fragment" dazugeben: „Was er euch sagt, das tut" (Joh 2,5). Auch wenn das viel ist, mehr kann sie nicht. Als sie am Leidensweg ihrem Sohn begegnet, als sie unter dem Kreuz steht, als sie ihren toten Sohn im Schoß trägt, wird sie gespürt haben, wie sehr ihr Leben, das im Leben ihres Sohnes die Krönung erfahren sollte, Stückwerk ist und bleibt. Wenn wir Katholikinnen und Katholiken das Fest der Aufnahme Marias in den Himmel feiern, enthält es die Verheißung: Gott wird vollenden, was wir ihm an Stückwerk, an Zerbrochenem, an Halbfertigem übergeben. Das Leben Marias ging im Tod zu Ende. Gott hat es vollendet.

Maria kann mir Kraft in all dem Fragmentarischen meines Lebens geben. Es gehört zur Würde und zum Glück meines Lebens, dass es Stückwerk bleiben darf, seine Vollendung liegt in Gottes Hand.

Fragmentarisches im Leben des Petrus

Das hat auch Petrus erfahren. Die Begegnung mit Jesus beim reichen Fischfang macht ihm mit Erschrecken bewusst, dass er ein Sünder ist: „Geh weg von mir; denn ich bin ein sündiger Mensch, Herr!“ (Lk 5,8), ruft er aus. Ein sündiges Leben anschauen müssen bedeutet, dem Fragmentarischen ins Gesicht zu schauen. Sünde ist ja auch Unvollkommenes, Unvollendetes, Zerbrochenes in einem Leben.

Jesus aber schaut ihn an und sagt: „Hab doch keine Angst!“ Das befreit. Damit sagt er ihm: Ich weiß, dass du ein Sünder bist, schließlich bist du ein Mensch. Jeder trägt Bruchstücke mit sich herum. Das bist du, das darfst du sein. Doch das ist nicht alles. „Du wirst Menschen fischen!“ Ich baue auf deine Stärken und nehme dich in meinen Dienst.

Dieses „Hab keine Angst“ verändert das Leben des Petrus. Es befreit ihn von der Last der unüberwindbaren Hürde, vollkommen sein zu müssen. Es befreit ihn zu dem Leben, das Petrus als Jünger und Apostel gelebt hat. Es befreit ihn zu sich selbst, dem Menschen mit Stärken und Schwächen, dem Menschen mit Gelingen und Fragmenten. Viele biblische Gestalten teilen diese Erfahrung: Maria von Magdala, Zachäus, nicht zuletzt der Schächer am Kreuz neben Jesus.

So fordert das Evangelium mich heraus, das eigene Leben trotz aller Brüche, trotz allen Scheiterns, trotz allem Fragwürdigen, trotz aller unerfüllten Hoffnungen anzunehmen und zu würdigen als das, was es ist: mein unverwechselbares, einmaliges Leben – das ich angesichts des Fragmentarischen mit einem unruhigen Herzen lebe, das zur Ruhe kommt, wenn es in Gottes Vollendung einmündet.

Anregungen aus der franziskanischen Spiritualität

„Wir haben nichts fertiggebracht"

„Brüder, lasst uns anfangen, Gott dem Herrn zu dienen. Denn bis jetzt haben wir kaum einen Fortschritt gemacht" (1 C 103, FQ 263). Das sagt Franziskus angesichts seines nahen Todes. Dieser Ausruf ist die Frucht des Rückblicks in sein Leben. Der lässt ihn zu dem Schluss kommen: Wir haben ja noch nichts fertiggebracht. Mein und unser Leben ist Stückwerk, Fragment.

Diese Selbstzweifel haben ihn gequält und bis in den Schlaf verfolgt. Eine große Unsicherheit übermannte ihn: War das richtig, wie ich gelebt habe? Habe ich die Brüder, die mir gefolgt sind, auf den rechten Weg ge-führt oder habe ich sie ver-führt? Kann dieses ungenügende Leben Gott genügen?

Die Erfahrungen von Zerbrechlichkeit, Versagen und Unvollkommenheit sind so heftig, dass er sie nicht verdrängen kann. Symbolisch für diese quälenden Fragen sind die „Mäuse", von denen eine Szene aus seinem Leben erzählt:

„Als nun der selige Franziskus dort über fünfzig Tage lang krank darniederlag, ertrug er es nicht, tagsüber das Tageslicht und in der Nacht das Licht des Feuers zu sehen, sondern blieb im Haus und in jener kleinen Zelle stets im Dunkeln. Überdies hatte er Tag und Nacht große Schmerzen in den Augen, so dass er in der Nacht fast nicht ruhen und schlafen konnte, was sehr nachteilig und eine große Belastung für die Augenkrankheit und seine anderen Krankheiten war. Ja, noch mehr: Wenn er einmal ruhen und schlafen wollte, waren im Haus und in der kleinen, an einer Seite jenes Hauses angebauten Zelle aus Strohmatten, in der er lag, so viele Mäuse, die hin und her, über ihn und um ihn herumsprangen, dass sie ihn nicht schlafen ließen. Sogar zur Gebetszeit belästigten sie ihn stark. Und nicht nur in der Nacht, sondern auch am Tage plagten sie ihn über die Maßen, indem sie, während er aß, auf seinen Tisch hinaufkletterten, so dass seine Gefährten und er selbst es als eine teuflische Versuchung betrachteten, was es ja auch war" (Per 83, FQ 1159).

Erlösungs-bedürftig

Franziskus erlebt, wie sehr er der Erlösung, der Vollendung bedarf. Das bringt er mehrfach auch dadurch zum Ausdruck, dass er sich und seine Brüder „unnütze Knechte" nennt. Unnütze Knechte strotzen nicht vor Selbstbewusstsein, sie lügen sich nichts vor. Vielmehr wissen sie um das Fragmentarische ihres Lebens, sie wissen, wie viel Unvollkommenes und Misslungenes ihr Leben prägt. Sie erinnern an den Zöllner im Gleichnis des Lukasevangeliums (Lk 18,9–14). Ehrlichkeit ist seine Stärke: Ja, das bin ich, auch wenn ich gern ein anderer wäre. Diese Ehrlichkeit wird seine Rechtfertigung. Gott wird vollenden, was unvollkommen blieb. „Unnütze Knechte", „Wir haben noch nichts zustande gebracht" – das sind ehrliche Worte, gesprochen von einem Heiligen, den viele bewundern.

Was folgert er daraus? „Lasst uns anfangen!" (1 C 103, FQ 263). Das ist seine Aufforderung angesichts des Fragmentarischen. Dieses Anfangen redet davon, den jeweils neuen Tag anzufangen, sich seinen Geschenken zu öffnen, sich seinen Herausforderungen zu stellen. Pack an, was vor dir liegt, versuch es, selbst wenn du weißt, dass auch dieser Tag wieder Fragment sein wird. Fang an, auf das zu schauen, was dir geschenkt ist, was gelingt – und fang an, dem Schöpfer zuzutrauen, dass er vollendet, was du unvollendet in seine Hände gibst.

Und der Tod?

Markant steht im Leben des Franziskus das Thema des Fragmentarischen in Gestalt des Todes. Er weiß, dass er sterben wird. Im „Spiegel der Vollkommenheit" wird sogar erzählt, dass er den Arzt nach dem wahrscheinlichen Zeitpunkt seines Todes fragt (vgl. SP 121–124, FQ 1327–1331). In seinem Sterben kommt das Stückwerk-Leben des „unnützen Knechtes" (NbR 12, FQ 80) zum Ziel. Das scheint ihn nicht mehr zu bedrücken. Stattdessen singt er den Lobpreis Gottes, er singt bei Tag, er singt bei Nacht – und lässt die Brüder singen. Bruder Elias weist ihn zurecht: Wie kannst du singen! Die Leute halten dich für einen Heiligen, der doch lieber an seinen Tod denken sollte. Genau das tut Franziskus – und singt. Er singt, denn er vertraut, dass er bald Gott schauen wird. Er singt, weil das Lebens-Stückwerk des „unnützen Knechtes" bald von Gott vollendet wird. Darum ist der Tod ihm, wie es im Urtext des Sonnengesangs heißt, Schwester, die sein Leben nicht vernichtet, sondern dem Vollender entgegenführt.

Kein Zweifel daran scheint Franziskus zu quälen. Darum kann er so unbeschwert fröhlich sein. Diese Haltung lädt ein, angesichts des Todes nicht in Depression und Klage zu fallen, sondern auf den Wert des Lebens zu schauen, weil jeder Tag es wert ist, dass der Mensch singt.

Meditation

unvollendet
wird sie sein
meine
Lebens-Symphonie

„Unvollendete“
bis zum
letzten Atemzug

dann
erst dann
wenn EINER kommt
und den
letzten Takt setzt

vollendet sich
meine
„Unvollendete“

4. Altersreife – Loslassen und freigeben

Loslassen

Wenn der Mensch geboren wird, sind seine kleinen Händchen zur Faust geballt, als wollten sie etwas festhalten. Stirbt der Mensch, sind seine Hände gelöst und offen, als wolle er alles loslassen, was er bis dahin noch festhält – ein Bild für die Dynamik des Lebens: vom Ergreifen und Festhalten hin zum Loslassen und Freigeben.

Soll mein Leben lebendig bleiben, muss ich immer etwas loslassen. Das Kind muss den Mutterschoß verlassen, später den Kindergarten, die Schule, das Elternhaus. Nur so kommt der Mensch ins Leben. Wer ins Leben hineinwächst, wird vieles ergreifen. Das kann er nur, wenn seine Hände frei sind. Spätestens, wenn das Alter an die Lebenstür klopft, ist es an der Zeit, vieles loszulassen, was er bisher in Händen hielt und was ihn gehalten hat. „Lass es zu, dass das Leben jetzt auch ohne dich weitergeht." Das ist eine heftige Herausforderung, leichter gesagt als getan. Da hältst du zunächst einmal ganz schön den Atem an! Zwar sagt der Verstand: Das ist jetzt dran. Aber da ist ja auch noch das Herz – wie bei dem alten Pater auf seinem Rollator. Der Kopf weiß, dass er loslassen muss, doch das Herz weint. Und es darf weinen! Loslassen kann schmerzlich sein!

Doch kann auch das genaue Gegenteil eintreten: Kopf und Herz atmen auf: „Endlich!" Endlich Befreiung, Erlösung, Entlastung, Raum zum Leben und zum Atmen! Endlich Zeit für das, was ich schon immer wollte. Loslassen muss nicht Opfer und Verzicht sein. Viele warten geradezu darauf, endlich frei zu sein, Verantwortung abzugeben, endlich mehr an sich selbst denken zu dürfen und zu können. Sie genießen es, dass keine Pflichten auf sie warten, wenn sie morgens aufstehen. Sie genießen, dass andere jetzt die Verantwortung tragen. Sie genießen, nicht im sturen Rhythmus leben zu müssen von *Aufstehen, Arbeiten, Heimkommen, Abendessen, Schlafengehen, Aufstehen …* Sie genießen ihre neuen Freiräume. So befreiend kann Loslassen sein! Glücklich, wer sein Alter so erlebt!

Wer dagegen als alter Mensch Bisheriges festhalten und nicht loslassen will, macht sich selbst und anderen das Leben schwer. Die Nachrückenden müssen sich von ihm erkämpfen, was ihnen längst zusteht und nicht mehr ihm! Und dann das dauernde selbstmitleidige Klagen! Das macht den alten Menschen einsam. Freundinnen, Freunde und Angehörige ziehen sich zurück. Beziehungen sind gestört, weil einer den Platz nicht räumt oder auch weil die Umgebung sein Selbstmitleid nicht mehr hören will und kann. Lasse ich dagegen los und gebe frei, was nicht mehr meines ist, geht es auch den Freundinnen und Freunden in meiner Nähe gut. Loslassen schließt Räume für mich zu, hält aber im Gegenzug die Türen zu den Menschen meiner Umgebung offen.

Loslassen im Alter kennt große Schritte und Entscheidungen, am letzten Arbeitstag etwa vor der Rente/Pensionierung. Es kennt aber auch die vielen kleinen, alltäglichen Schritte. Da sei noch einmal an die „Defizite im Alter" erinnert. Diese muten mir zu, in kleinen Schritten, Stückchen für Stückchen loszulassen: mich zu verabschieden von gesunden Augen, Ohren und Gelenken, von der Tanzfläche, von der Wandergruppe, vom Treppensteigen und auch von vielen Aufgaben. Natürlich kann ich manches ausgleichen, etwa durch eine Brille, ein Hörgerät, einen Gehstock oder Rollator. Aber auch wenn ich solche Hilfsmittel benutze, nehme ich ja Abschied von der Fülle der Gesundheit. Ich lasse die Rolle des Bewunderten los; stattdessen begegnen mir jetzt oft aufdringliche Fürsorglichkeit, Mitgefühl und manchmal gar Spott. Wer meint, er müsse solches Loslassen verstecken, macht sich erst recht lächerlich und unglücklich. Es schenkt eine große innere Freiheit, wenn ich das Bild des „Perfekten" auch öffentlich loslasse, wenn auch mit einer Träne im Auge.

Auch noch ganz andere Gesichter des Loslassens kennt das Alter: Die Kinder ziehen aus dem Haus aus, die Enkel wachsen in anderen Städten, fern von den Großeltern, auf. Die Welt wird kleiner, einsamer. Dieses stille Loslassen-Müssen wird dem alten Menschen oft erst nach und nach schmerzlich bewusst. Nicht zuletzt begegnet mir im Alter das endgültige Loslassen im Sterben von Menschen, die mir viel, vielleicht alles bedeuten. Dann ist nichts mehr wie früher. Ob du willst oder nicht, der Tod reißt dir von der Seite, was du festhalten möchtest und nicht festhalten kannst: den geliebten Menschen. Nur die Kunst des Loslassens und Freigebens lässt dich weiterleben.

Bei all diesem unterschiedlichen Loslassen sind die Beweggründe entscheidend: Lasse ich los, weil es mir als zwingende Notwendigkeit von außen zugemutet wird? Oder lasse ich los, weil ich sage: „Ich will!"? Ich will das Gesetz des Handelns in der Hand behalten, auch wenn mir etwas von außen vorgegeben wird. Eine Opfermentalität macht unglücklich. Wer aus eigenem Gespür und Willen loslässt und freigibt, gewinnt: Leben und Würde. Das weiß auch Jesus, wenn er predigt: „Wer sein Leben zu bewahren sucht, wird es verlieren; wer es dagegen verliert, wird es gewinnen“ (Lk 17,33). So hat es Rudolf gemacht. Der Ordensobere hat ihn in eine andere Gemeinschaft versetzt. Im Gespräch sagte Rudolf zu ihm: Ich möchte meine Versetzung mit dem Fahrrad machen, denn: „Du kannst mich zwar versetzen, aber ich möchte selbst in die Pedale treten.“

Und noch etwas bringt es mit sich, wenn du loslassen kannst: Die Hände sind frei und offen, beschenkt zu werden. Das ist eine Dimension des Lebens, die vielen mit der Kindheit verlorengeht: Geschenke annehmen können. Wer in sein Leben schaut, weiß: Das Wertvollste und Schönste im Leben ist nicht das, was wir leisten oder erwerben, sondern das, was uns geschenkt wird. Dazu aber müssen die Hände frei sein.

Freigeben

Richtiges Loslassen ist immer auch ein Freigeben. Loslassen heißt nicht, dass ich etwas aus meinem Leben löschen muss. Wie sollte ich denn auslöschen, was mir lieb, wertvoll und wichtig war? Wie soll ich einen Menschen loslassen, der mir alles bedeutet? Da kann und will ich nicht loslassen. Aber ich kann freigeben. Ich entlasse in die Freiheit, was zur Freiheit geschaffen ist: Eltern entlassen ihre Kinder in die Freiheit des eigenständigen Lebens, aber sie bleiben ihnen wichtig. Ich gebe die Aufgabe, die mich bisher ausgefüllt hat, für den Nachfolger frei. Trotzdem liegt er mir nach wie vor am Herzen und ich verfolge mit Interesse und Wohlwollen, was geschieht. Ich gebe die Verstorbene frei, jetzt bei Gott in der Ewigkeit zu sein. Aber sie bleibt mir im Herzen lebendig und wichtig. Auf einem Totenbild stand zu lesen: „Plötzlich bist du nicht mehr da, wo du warst. Aber du bist überall, wo wir sind. Der Mensch wird nicht sterben, solange ein anderer sein Bild im Herzen trägt." Im Herzen darfst du festhalten, was deine Hände loslassen und freigeben.

Freigeben schenkt mir eine innere Freiheit. Um dieser Freiheit willen lohnt es sich, nach dem Leitwort zu leben: „Sei allem Abschied voran!" Setz dich nicht erst auseinander, wenn es so weit ist, stell dich innerlich früh darauf ein. Das gibt dir auch die Möglichkeit, über den Augenblick hinauszudenken und Perspektiven für das „Danach" zu gewinnen. Dann bleiben Loslassen und Freigeben meine eigenen Entscheidungen, auch wenn die Herausforderung von außen kommt.

Loslassen und freigeben gehören zur Kunst glücklichen Alterns. Kommen die Jahre, dann steht das für dich an. Mach's wie Rudolf: Tritt selbst in die Pedale!

Versöhnung mit den Wunden der eigenen Lebensgeschichte

Ein bedeutsames Loslassen im Alter ist die Versöhnung mit den Verwundungen meiner eigenen Lebensgeschichte – und mit Menschen und Umständen, die mich in dieser Geschichte verletzt und im Leben beschnitten haben. Der Blick in die Vergangenheit des viel zu schnell dahingeflossenen Lebens rückt ja nicht nur Erfreuliches in den Blick, sondern auch Schmerzliches, Unversöhntes. Wie kann und will ich damit leben, dass es mich im Alter nicht bitter macht, sondern frei atmen lässt – trotz allem?

Das kann mir gelingen, wenn ich ehrlich zu mir selber bin. Dann nenne ich Gutes „gut“, Leidvolles schmerzlich, eigene Dummheit „Dummheit“, erlittene Verletzung „Verletzung“. Versöhnung mit den Wunden meiner Lebensgeschichte kann nur in dieser Ehrlichkeit vollzogen werden. Schönfärben, leugnen, mit frommen Sprüchen spiritualisieren, das alles vertieft nur das Unversöhntsein, es führt nicht in die Freiheit. „Die Wahrheit wird euch frei machen“ (Joh 8,32). Das ist die Grundlage jeder Versöhnung mit sich selbst und seiner Geschichte!

Zu dieser Wahrheit gehört aber auch, dass nicht alles, was mich verletzt hat und schmerzlich war, mir geschadet hat. Manchmal erweist sich im Nachhinein die bittere Erfahrung als Segen, weil sie meinem Leben Wege und Chancen eröffnet hat. Was mir das Leben schwer gemacht hat, hat mich stark gemacht! Es stimmt versöhnlich, wenn ich das wahrnehme. Das schenkt mir Kraft und Lebensenergie, ganz gleich ob ich selbst oder jemand anderer die Schuld dafür trägt. Darum macht es auch keinen Sinn, nach dem Schuldigen zu suchen, gleich ob bei mir oder bei anderen. Nur zu schnell mache ich mich dabei zum Opfer und andere oder mich selbst zum Täter. Vor allem bleibe ich dadurch in der Vergangenheit, statt mit Lebensmut in die Zukunft zu schauen. Ändern kann ich doch nichts an dem, was war. Glücklich, wer zu seinem unverwechselbaren Leben „ja“ sagt. Das macht den Blick frei für die Zukunft.

Zu solcher Freiheit finde ich auch, wenn ich zu einer Spielart des Loslassens bereit bin, die sich verzeihen nennt. Schließlich sind Wunden aus der Vergangenheit irgendwann und durch irgendwen entstanden. Vergessen kann ich das nicht. Aber ich kann verzeihen. Dabei kann mir der Blick ins eigene Innere helfen, schließlich bin ich selbst ja auch kein „Unschuldsengel“. Verzeihen vergisst nicht, zieht aber einen Schlussstrich und schaut nach vorne. Verzeihen lässt leben.

Versöhnung mit den Wunden meiner Lebensgeschichte ist nicht nur etwas, was ich selbst zu leisten habe. Manches kann ich nur stehen lassen und es Gott übergeben. Dabei vertraue ich, dass das Unversöhnte bei ihm, der in Jesus Versöhnung gepredigt und gelebt hat, in guten Händen ist.

Was beim Loslassen hilft und was hindert – Chancen und Fallen[18]

„Rückwärtsblickend vorwärtsschauen“

Will ich loslassen, ist der Blick rückwärts wichtig und notwendig. „Erinnern“ ist die positive Kraft des Rückblicks: Ich erinnere mich an das, was meinem Leben Sinn, Kraft, Freude und Lebensmut geschenkt hat. Das erhellt meine Gegenwart und schenkt Zuversicht für die Zukunft. Ich blicke rückwärts, um vorwärtszuschauen. Ohne die Kraft der Erinnerung an gute Erfahrungen der Vergangenheit kann ich nur schwer Neues anfangen.

Allerdings wird Rückwärts-Schauen leicht zur Falle, auf die ich unmerklich hereinfallen kann. Eine Erzählung der Bibel weiß darum: Die Frau des Lot, von Gott aufgefordert, das Heil im Blick nach vorn zu suchen, kann den Blick nicht von der Vergangenheit lösen. So sieht sie, was ihrer Stadt widerfährt; das lässt sie zur Salzsäule erstarren (vgl. Gen 19,14–26). So mancher starrt rückwärts, will oder kann den Blick nicht lösen, erstarrt, wird bitter wie Salz.

So manche alten Menschen berauben sich der Lebensfreude, weil sie zu sehr in der Vergangenheit leben, in der „alles besser war" als heute. Sie verschließen die Augen vor der Schönheit der Gegenwart und dem Verlockenden der Zukunft. Das macht sie zusätzlich noch einsam, denn neben dieser Lebenseinstellung kann kaum jemand atmen, der mit Vertrauen, Hoffnung und Zukunftslust leben möchte.

„erst noch"

Das sind zwei wichtige Worte beim Loslassen. Ich stürme nicht gleich los, sondern bedenke *erst noch*, was sinnvoll ist, damit mein Loslassen gelingt. Bevor ich den Tag loslasse, macht es Sinn, *erst noch* einzuhalten, die hinter mir liegenden Stunden zu bedenken, um dann etwa mit dem Ritual eines Abendgebets den Tag zu verabschieden. Bevor ich das neue Jahr beginne, tue ich gut daran, erst noch auf das zu Ende gehende Jahr zurückzublicken mit allem, was es geschenkt oder zugemutet hat, um es dann mit einem Gebet, einem Glas Sekt oder mit einem Dankeskuss zu verabschieden. Für einen guten Neubeginn braucht es zuvor *erst noch* einen guten Abschied, oft vollzogen in einem Ritual.

Von einem besonders beeindruckenden Abschieds- und Loslassritual erzählten uns die Schwestern eines Kapuzinerinnenklosters in der Schweiz: Für ihre Mitschwester, die alte und sterbenskranke Organistin des Klosters, nahte der Tod. Zwei Tage vor ihrem Tod – sie fühlte sich unbeobachtet und nahm die Schwester nicht wahr, die

die Szene beobachtete – quälte sie sich abends spät noch einmal in die Kapelle an ihren Orgelspieltisch. Sie spielte keinen Ton – aber sie streichelte ganz zärtlich das Instrument: den Spieltisch, die Registerklappen, die Tasten. Sie brauchte *erst noch* dieses Abschiedsritual. Dann war sie frei zum Sterben: Zwei Tage später ging sie heim.

Nicht zuletzt wenn das Sterben näherrückt, ist es wichtig, *erst noch* zu bedenken, was bedacht sein will: etwa ein Testament, damit die Nachkommen geregelte Verhältnisse vorfinden; meine persönlichen Unterlagen sichten und vielleicht auch vernichten, damit nichts in falsche Hände gerät; um Verzeihung bitten und Verzeihung gewähren, wo Unversöhntes zwischen mir und anderen steht – nicht nur für mich, sondern auch, dass meine Hinterbliebenen sich nicht mit Schuldgefühlen quälen müssen. Das *erst noch* beim Loslassen ist wichtig.

Allerdings kann es auch zur Falle werden: Mit einem *erst noch* kann ich jedem notwendigen Loslassen aus dem Weg gehen. Ich weiß, was dran ist, doch da gibt es ein „aber erst noch". Ich bin ja bereit, ins Seniorenheim zu gehen, will aber *erst noch* alle meine Sachen durchsehen und aussortieren – und finde dabei kein Ende. Der Pfarrer muss seine Pfarrei aufgeben, will aber *erst noch* die Renovierung des Pfarrheims zu Ende bringen. Unser Alltag kennt viele solcher *erst noch,* die gerne dann auftauchen, wenn Unangenehmes ansteht. Dann muss ich auf einmal *erst noch* die Fenster putzen, *erst noch* eben einkaufen gehen, obwohl alles im Vorrat ist, *erst noch, erst noch, erst noch* ... Sicher ist das alles sinnvoll. Aber bei genauerem Hinsehen entpuppt es sich als Fluchtweg, mit dem ich hinauszögere, was hier und jetzt getan sein will. *Erst noch* verbaut viel Zukunft – häufig gegen besseres Wissen! Oft kommt die Einsicht erst nachher: „War ich doch dumm!" Mancher alte Mensch verbaut sich den Weg in ein glückliches Alter mit zwei kleinen Wörtchen: „erst noch".

„Gleich-gern-ganz"

Es kann ein Geschenk des Himmels sein, nicht alles radikal auf einmal loslassen und verabschieden zu müssen. Es kann ein Segen sein, wenn ein alter Mensch „noch" sagen darf: „Das kann ich noch." „Das darf ich noch." „Das will ich noch." Das Alter setzt von selbst Grenzen, an denen es heißt: „Nicht mehr!" „Schluss!" Für viele ist es zum Aufatmen, wenn sie nicht alles auf einen Schlag loslassen müssen.

Es ist schlimm genug, wenn einem der Abschied radikal aufgezwungen wird: Der Arbeitsplatz wird gekündigt, der Arzt stellt eine hoffnungslose Diagnose, das Hochwasser oder ein Brand rauben über Nacht alles, ein Unfall fesselt mich an den Rollstuhl oder raubt mir den Lebenspartner. Abschiede können brutal sein. Darum tut es oft gut, wenn ich nicht alles auf einmal loslassen muss. Ein Abschied „auf Raten" ist in etlichen Situationen hilfreich und menschenfreundlich.

Das weiß ein Mensch gerade auch im Alter zu schätzen. Es tut gut zu wissen, dass du noch ein wenig gebraucht wirst. Du hast nicht mehr alles, was du einmal hattest. Auch stehst du nicht mehr im Mittelpunkt. Aber du hast noch etwas.

Das Handlungsmodell „SOK" von Paul Baltes[19] ist in diesem Übergang äußerst hilfreich. Baltes geht davon aus, dass ein Mensch im Alter vieles nicht mehr kann, weil seine Möglichkeiten schwinden. Darum empfiehlt er als erstes „*S*elektieren“: Ich will nicht mehr alles, ich wähle aus, was ich noch kann und will. Das werde ich, so die zweite Empfehlung „optimieren“, durch Üben und Trainieren verbessern. Dabei hilft mir die dritte Empfehlung „*K*ompensieren“ – ich setze Hilfsmittel ein: Meine Gelenke sind verschlissen. Das kompensiere ich mit Gehhilfen oder einem Rollator. So bleibe ich beweglich. Der verlängerte Schuhanzieher, die Schnabeltasse, das Hörgerät, die Brille, der barrierefreie Zugang … Solche Hilfen lassen mich vieles noch tun, was mir sonst nicht mehr möglich wäre.

Durch Kompensation ist das „noch“ dehnbar geworden. Das geht *noch* – und zwar gut. Du wirst *noch* gebraucht, das tut gut. Es ist letztendlich eine Frage des Blickwinkels: Starre ich auf das „nicht mehr“ oder schaue ich auf das „noch“.

Diese Überlegungen sollen aber nicht darüber hinwegtäuschen, dass häufig etwas anderes dran ist, was *gleich, gern und ganz* getan sein will: Die drei „g“ hat man uns im Zeitplanungsseminar von Haus Werdenfels eingeimpft: *„Was du tun willst, das tue gleich, gern und ganz“* – ein Leitsatz, der auch im Alter hilft, lebendig zu bleiben. Das mit dem „gern“ übersehen wir wohlwollend – wer tut schon alles gern! Aber die beiden anderen „g“ sollten wir beachten! Sie empfehlen mir: Schiebe Dinge, die dran sind, nicht unnötig vor dir her, tue sie gleich. Und wenn du sie anpackst, dann mache keine halben Sachen: Tue ganz, was du tun willst. Das ist gut so!

„Jetzt beginnt Frau Kramp-Karrenbauer einen Abschied auf Raten“, sagte der Fernsehmoderator im ZDF. Sie hatte kurz zuvor angekündigt, vom Parteivorsitz der CDU und einer möglichen Kanzlerkandidatur zurückzutreten – aber noch nicht sofort. Häppchenweise aufhören. Wird Loslassen dadurch einfacher? „Lieber ein Ende mit Schrecken als ein Schrecken ohne Ende“, weiß der Volksmund. Die Versuchung, es „häppchenweise“ zu tun, ist groß: erst ein bisschen, dann noch ein bisschen … bis schließlich jedermann fragt: „Wann ist denn endlich Schluss?“

Beim Eintritt in die Rente oder die Pensionierung ist der Schlussstrich eindeutig. Da kann ich nichts hinauszögern. Dann hilft es mir, das Anstehende *ganz* zu tun. Pfarrer an der Schwelle zum Ruhestand, Ordensobere, Eltern, deren Kinder verheiratet sind und selber schon Kinder haben, Päpste im Ruhestand: Sie und viele andere tun gut daran, wirklich loszulassen, wenn es dran ist. Die Nachfolger oder die Nachkommen werden es ihnen danken.

Stimmen von außen

Muss ich loslassen, können „Stimmen von außen“ hilfreich sein. Wer eine Situation von außen anschaut, sieht oft klarer als der Betroffene selbst. Es hilft, wenn sie/er auch den Mut hat, auszusprechen, was sie/er sieht. Ich belüge mich leicht selbst: „Das geht doch noch!“ Das kann ja stimmen. Aber oft sieht einer, der mich von außen wahrnimmt, mit Klarheit: „Das geht nicht mehr!“ Es kann auch umgekehrt sein: Ich bin unsicher, ob ich mir etwas noch zutrauen kann oder nicht. Jemand, der mich gut kennt, ermutigt mich aber, mir selbst zu vertrauen. Beides braucht den Mut, mich zu offenbaren – und einem gut gesinnten Menschen zu vertrauen.

Die Grenze allerdings ist schwimmend. Manchmal helfen mir diese Stimmen – auch und gerade, wenn sie kritisch sind. Aber manchmal „tun sie so gut“, wo Skepsis angesagt wäre, etwa wenn sie mich zum Weitermachen locken: „Du kannst das doch noch! Lass dir doch so was nicht einreden! Die werden schon sehen, was sie verlieren!" Die Verlockung ist groß, auf diese Stimmen hereinzufallen. Warnende Stimmen überhöre ich gern – obwohl sie so wichtig sind! Wenn dann noch ein bisschen Alterseitelkeit hinzukommt …

Biblische Vertiefung

Wer das Loslassen lernen will, kann bei Jesus in die Schule gehen! Markant fasst das der Hymnus im Philipperbrief zusammen: „Er war Gott gleich, hielt aber nicht daran fest, wie Gott zu sein, sondern er entäußerte sich und wurde wie ein Sklave und den Menschen gleich. Sein Leben war das eines Menschen; er erniedrigte sich und war gehorsam bis zum Tod, bis zum Tod am Kreuz" (Phil, 2,6–11).

„Er hielt nicht daran fest, wie Gott zu sein." Der Anfang der Menschwerdung Jesu ist „nicht festhalten", „loslassen". Das ist eine deutliche Gegenbewegung zu einem „Zugreifen", von dem das Buch Genesis erzählt: Eva und Adam greifen zur verbotenen Frucht, dem Symbol des „sein wollen wie Gott". Mit diesem Zugreifen beginnt die Unheilsgeschichte. Das Loslassen Jesu ist die Gegenbewegung: Er hielt *nicht* daran fest, wie Gott zu sein, und wurde Mensch. Das wird zum Höhepunkt der Heilsgeschichte – und führt anschaulich vor Augen, dass Loslassen heilend sein kann. Bei Jesus ist es verbunden mit dem, was das Credo „descendit" nennt, „er ist herabgestiegen". Wer mit Jesus das Loslassen lernt, darf den Weg nach unten, das „Herabsteigen", nicht scheuen, den Weg von „etwas Besonderes

sein wollen" zu „einfach Mensch sein". Der frühere Limburger Bischof Franz Kamphaus spricht vom „heruntergekommenen Gott".

In der Geschichte dieses „heruntergekommenen Gottes" reiht sich ein Loslassen an das andere: die Geburt im Stall und die Flucht nach Ägypten; sein Wort, mit dem er sich als „obdachlos" bezeichnet: „Der Menschensohn hat keinen Ort, wohin er sein Haupt legen kann" (Mt 10,20; Lk 9,58); das Sich-Lösen von seiner Familie: „Wer sind meine Mutter und meine Brüder?" (Mt 12,46–50); sein Freigeben der Jünger: „Wollt nicht auch ihr gehen?" (Joh 6,67); sein Freigeben des Judas sogar zum Verrat und des Petrus zur Verleugnung; seine Einladungen loszulassen in der Bergpredigt; sein freiwilliger Weg an den Ort seines Leidens, Jerusalem (vgl. Lk 9,51); sein Kreuz-Weg und nicht zuletzt der Ostermorgen. Das Grab konnte ihn nicht festhalten, auch nicht Maria von Magdala: „Halte mich nicht fest!" (Joh 20,17), fordert Jesus sie auf, als sie sich rückwärtswendet und ihn erkennt. Der, den du festhalten möchtest, gehört der Vergangenheit an. Jetzt bin ich auf dem Weg in ein neues Dasein. Das wird dir nicht offenstehen, wenn du am Vergangenen festhältst. Lass los und du wirst leben – mit mir.

Diese Textstellen bezeugen: Die Lebensgeschichte des Jesus von Nazareth ist eine einzige Loslass-Geschichte. Sie ist Heilsgeschichte, die in den Ostermorgen mündet, der uns befreit und für das unverlierbare Leben freigibt. So kann der loslassende Jesus für den alten Menschen zum Leitbild werden.

Die Einladung zum Loslassen findet sich auch im Alten Testament, markant in der Geschichte Abrahams, des „Vaters der Glaubenden" (Gen 12,1–4):

„Der HERR sprach zu Abram: Geh fort aus deinem Land, aus deiner Verwandtschaft und aus deinem Vaterhaus in das Land, das ich dir zeigen werde. Ich werde dich zu einem großen Volk machen, dich segnen und deinen Namen groß machen. Ein Segen sollst du sein. Ich will segnen, die dich segnen; wer dich verwünscht, den werde ich verfluchen. Durch dich sollen alle Sippen der Erde Segen erlangen. Da ging Abram, wie der HERR ihm gesagt hatte. … Abram war fünfundsiebzig Jahre alt, als er aus Haran auszog."

Die öffentliche Geschichte des 75 Jahre alten Abraham beginnt mit der Aufforderung loszulassen und aufzubrechen. Für das Aufbrechen gibt es keine Altersgrenze! Gerade im Alter häufen sich Situationen, in denen du nur leben kannst, wenn du aufbrichst. Für diesen Aufbruch gibt Gott dem Abraham „Reiseproviant" mit: nicht materiellen, den hatte Abraham. Er gibt ihm geistige Stärkung mit: die Verheißung von Segen. Verheißungen sind Worte, und Worte sind Schall und Rauch, auch Segensworte! Sollen sie zur Kraftquelle werden, brauchst du ein Gegenüber, dem du trauen kannst. „Trauen" und „Treue" haben den gleichen Wortursprung. Einem, der treu zu seinem Wort steht, kann ich trauen. Abraham vertraut dem treuen Gott. Das gibt ihm die Kraft aufzubrechen: „Da ging Abraham!", so sagt es schnörkellos Vers 4.

Abraham kann Leitbild für Menschen sein, denen im Alter Loslassen und Aufbruch zugemutet werden. Ihm haben sich durch sein Loslassen neue Welten und Möglichkeiten erschlossen, warum nicht auch mir! Mit Abraham loslassen und aufbrechen, im Vertrauen auf den treuen Gott seinen Weg gehen – das ist die Einladung für jeden, auch den alten Menschen.

Eine beeindruckende Szene im Leben des Franziskus spielt sich vor dem Bischof von Assisi ab. Franziskus gibt seinem erzürnten Vater das Geld zurück, das er für die Renovierung der Kirche San Damiano genommen hatte. Und er gibt ihm noch mehr zurück: Er zieht sich nackt aus und gibt dem Vater auch seine Kleidung bis auf das letzte Hemd zurück. Schützend legt der Bischof seinen Mantel um ihn. Franziskus bekennt: „Von nun an will ich sagen: ‚Vater unser, der du bist im Himmel, nicht mehr mein Vater Pietro Bernardone'" (Gef 20, FQ 623).

Diese Szene erschließt sich überraschend durch unsere heutige Sprache. Wenn jemand vom Arzt untersucht wird und sich dazu ausziehen muss, sagt der selten „Ziehen Sie sich aus!" Eher sagt er: „Machen Sie sich frei!" Genau das tut Franziskus vor dem Bischof. Er macht sich frei von der Welt des Reichtums, in der sein Vater lebt; er macht sich frei für Gott und für die Armen. Loslassen ist ein „Sich-frei-Machen", es kann mich ja von vielen Zwängen befreien. Und es macht mich frei für das, wozu Gott mich ruft, Erfreuliches und Schweres.

Einen bemerkenswerten Satz schreibt Franziskus in seinem Testament: „So hat der Herr mir, dem Bruder Franziskus, gegeben, das Leben der Buße zu beginnen: denn als ich in Sünden war, kam es mir sehr bitter vor, Aussätzige zu sehen. Und der Herr selbst hat mich unter sie geführt, und ich habe ihnen Barmherzigkeit erwiesen. Und da ich fortging von ihnen, wurde mir das, was mir bitter vorkam, in Süßigkeit der Seele und des Leibes verwandelt. Und danach hielt ich eine Weile inne und verließ die Welt" (Test, FQ 59).

Franziskus stürmt nach seiner Bekehrung nicht sofort los in ein neues Leben, er hält „eine Weile inne“, erst dann tut er den Schritt mit aller Konsequenz. „Erst noch“ eine Weile innehalten, das ist auch für mein Loslassen und Aufbrechen sinnvoll und fördernd – nicht nur im Alter.

Meditation

Loslassen
eine leidvolle
für manchen auch lustvolle
Erfahrung

unsicher
zunächst
und
suchend

lernen

Abschiednehmen
eröffnet Sinn

Loslassen
ist wie
Sterben

ist
Einstimmen

auch in den
Neuanfang –
leidvoll

oder lustvoll

5. Altersglaube – Frömmigkeit und Gebet

Glauben im Alter

Welche Kraftquelle Glaube und Gebet im Alter sind, lässt sich nicht eindeutig sagen, denn *den* alten Menschen gibt es nicht. Es gibt Frauen und Männer, die im Glauben an Gott alt geworden sind. Diese Selbstverständlichkeit hat sie durch das Leben getragen. Sie wissen sich geborgen in ihrem Glauben an Gottes Nähe in guten und in schlechten Zeiten. Vertrauen, in einem langen Leben gewachsen, trägt sie durch ihre alten Tage.

Genauso gibt es Alte, denen der Glaube nie etwas bedeutet hat und auch heute nichts bedeutet. Sie werden kaum aus dem Glauben Kraft schöpfen. Aber wer weiß das schon? Ob sie nicht doch in einer stillen Stunde ans Grübeln geraten: „Und wenn doch etwas daran ist?" Und keiner weiß, ob nicht so mancher „ungläubige" Alte sich gelegentlich heimlich in eine Kirche stiehlt, um einen Hoffnungsfunken zu nähren. Das muss ja auch niemand wissen! Wenn es einer „ungläubigen Alten" hilft, wenn es sie nachdenklich macht, wenn es in ihr einen Funken Hoffnung entzündet, ist das wunderbar!

Aber auch das gilt: Wenn jemand getauft und christlich erzogen worden ist, muss das nicht heißen, dass er beten kann, dass er im Gebet Kraft schöpft und Mut zum Leben in seinen alten Tagen findet. Schließlich ist es nur allzu bekannt, dass alte Menschen, von denen das keiner geglaubt hätte, im Alter ans Grübeln und Zweifeln geraten. „Quid post mortem?“ – gequält von dieser Frage lief der alte Franziskaner durch das Kloster und die Stadt. „Was kommt nach dem Tod?“ Diese grübelnde und zweifelnde Frage quälte ausgerechnet ihn, den stadtbekannten Prediger, dessen klare Positionen in der Predigt viele bewunderten: So wie der möchte ich auch glauben können. Und ausgerechnet der wurde von Zweifeln geplagt! Wir ahnen, so geht es vielen.

Mancher findet sich auch in einer kleinen Begebenheit wieder, die der Pfarrer, ein Franziskaner, in einem südoldenburgischen Dorf erlebt hat: Er brachte einer alten Frau, die dem Tod nahe war, die Kommunion. Am Ende fragte sie ihn: „Pastor (so reden sie dort den Pfarrer an), komme ich denn auch in den Himmel?“ Er antwortete ihr mit väterlicher Güte: „Sicher, Mutter, kommst du in den Himmel.“ Sie schaute ihn groß an und sagte nach längerem Schweigen: „Das weißt du auch nicht!“

Mit Worten ist schnell etwas behauptet. Aber wer kann schon von sich sagen, die Wahrheit „gepachtet zu haben“? Und diese Wahrheit dann glauben, das ist noch einmal ein eigener Schritt. Das wusste auch jener alte Pfarrer, der auf seinem Sterbebett gesagt haben soll: „Tät ich lachen, wenn das alles falsch war, was ich geglaubt habe!“ Glauben ist nun einmal nicht wissen. Glauben ist mit Worten des Münsteraner Philosophen Peter Wust „Ungewissheit und Wagnis“ – bis zum letzten Atemzug. Auch wenn der alte Pfarrer „lachen tät“, er ist dieses Wagnis seines Lebens eingegangen.

Altersgrübelei und Alterszweifel sind ein verbreitetes Glaubensphänomen. Und häufig plagt das nicht diejenigen, die in ihrem Leben den Glauben nicht so ernst genommen haben. Oft sind es die scheinbar „standfesten

Christinnen und Christen". Sie sind häufig zum Gottesdienst gegangen, haben ihre Kinder im Glauben erzogen und waren ihnen Vorbilder. Andere waren engagiert in kirchlichen Vereinen und Diensten, als Mitglieder im Pfarrgemeinderat, als Stützen im Kirchenchor, als Kommunionhelfer und Lektorinnen. Sie waren Gemeinde- oder Pastoralreferentinnen, Diakone, Priester – und auch Bischöfe! Und jetzt auf ihre alten Tage kommen die Zweifel. Das will angeschaut werden, bevor wir über die Kraft aus dem Glauben nachdenken. So mancher glaubte, dass er mit seiner Lebens- und Glaubensgeschichte über alle Zweifel erhaben ist – und nun im Alter erlebt sie/er etwas ganz anderes: Glaubensnot! Wer alte Menschen begleitet, sollte darum wissen – und auch der alte Mensch selbst.

Der alte Mensch lebt und glaubt in einer konkreten Welt, in einer konkreten Kirche und in einer konkreten Zeit. Das prägt auch seinen Glauben. Viele kommen nicht mehr mit. Sie haben ihren Glauben ganz anders gelernt: Katechismussätze, die heute angezweifelt werden; Gebote, die nicht mehr gelten; Gottesdienste in Formen, die heute keiner mehr mag. Vieles ist nicht mehr so „fromm". Das bringt die vertrauten Fundamente ins Wanken.

Und dann das Zweite Vatikanische Konzil mit seinem neuen Bild von Kirche! Wo man dir früher gesagt hat „Da geht es lang!", heißt es heute: „Du bist ein mündiger Christ. Das musst du selbst entscheiden!" Dem Laien wird eine Mündigkeit und Freiheit zugetraut, der er sich oft nicht gewachsen fühlt. Eine unbekümmerte Freizügigkeit hat sich eingenistet. Die Enkelinnen und Enkel der Alten von heute gehen in der Mehrzahl nicht mehr zum Gottesdienst und haben ein sehr geschrumpftes Glaubenswissen, das sie aber sehr unbekümmert praktizieren.

Dazu kommt ein Wandel in den moralischen Ansichten. Was früher eine Schande war, ist heute selbstverständlich: Bundeskanzler in vierter oder fünfter Ehe, alleinerziehende Mütter nichtehelicher Kinder, Patchworkfamilien, unbekümmertes Ausleben der Sexualität, zum Teil in aller Öffentlichkeit. Dramatisch ist die Verwicklung von bis dahin „unantastbaren" „geistlichen" Personen (überwiegend Männer) in Missbrauchsskandale – sodass die Frage nicht nur heißt: „Was soll man denn eigentlich noch glauben?", sondern auch: „Wem kann man denn überhaupt noch glauben?" Welt und Umwelt, Gesellschaft und Politik, nicht zuletzt die Kirche und die, die sie leiten, machen dem alten Menschen das Glauben schwer.

Umso wichtiger ist es, sich bewusst zu machen: Nicht um der Menschen willen glaube ich. Ich bin nicht für den Papst oder für den Pfarrer in der Kirche. Ich glaube, weil Gott sich dem Menschen in seiner Menschwerdung zugewandt hat. Ich glaube um meinetwillen und um Gottes willen!

Gottesbild im Alter

Und wer ist dieser Gott? Hilfreich oder blockierend für das Glaubensleben des alten Menschen ist das Bild, das sie/er von Gott hat, ihr/sein Gottesbild. „Du musst nicht in einen Buddha-Tempel gehen, um Menschen zu finden, die ein anderes Bild von Gott haben als du selbst. Sprich nur einmal mit deinem Nachbarn in der Kirchenbank …", so stand es irgendwo zu lesen. Wenn zwei Menschen „Gott" sagen, dann benutzen sie zwar das gleiche Wort. Aber meinen sie auch das Gleiche? Welches Gottesbild hat ein alter Mensch, wenn sie/er sagt „Gott"?

Ist es das mutmachende Bild eines guten Gottes, der den Menschen fördert, der ihn mit liebenden Augen anschaut, der seine Begrenztheit und Fehlerhaftigkeit verzeiht, der ihm immer neue Chancen und Neuanfänge schenkt? Ist es das Bild eines angstverbreitenden Gottes? Gerade Menschen, die heute um die 80 und älter sind, kennen dieses Gottesbild aus ihrer Kindheit: „Der liebe Gott sieht alles!“ „Ein Auge ist, was alles sieht, auch was in dunkler Nacht geschieht.“ – Sprüche mit einem drohenden Unterton, die tief in die Seele vorgedrungen sind. Und dann das unselige Lied, dessen erste Zeile lautet: „Strenger Richter aller Sünde, der du uns so schrecklich drohst“. Gott sei Dank ist es inzwischen aus dem „Gotteslob“ verschwunden.

Diese angstmachenden Gottesbilder sind vielen Alten von Kindesbeinen an vertraut. Die stecken in ihnen – und selbst wenn sie sich zu einem befreienden und liebenden Bild von Gott durchgerungen haben: Im Unterbewussten ist es oft noch da und verhindert einen befreiten Umgang mit dem liebenden Gott – der auch das Vertrauen fördert, dass der alte Mensch im Sterben dem liebenden Gott begegnet. Manche können nicht sterben, weil ein angstmachendes Gottesbild sie nicht vertrauen und loslassen lässt.

Gerade darum kann man gar nicht genug unterstreichen, was Edith Hess in ihrem mit Carl Guido Rey geschriebenen Buch „Die Reise ist noch nicht zu Ende“ als ersten Akzent für eine „Spiritualität des Alters“ so benennt:[20]

> „Ich überprüfe meine Gottesbilder. Ich überdenke meine Gottesvorstellungen und ihre Entstehungsgeschichte. Ich lasse angstmachende, einschränkende Gottesbilder allmählich hinter mir. Ich belebe in mir das vielfältige

Bild eines bedingungslos liebenden Gottes, vor allem eines mütterlichen, barmherzigen, befreienden Gottes."

Mit angstmachenden Gottesbildern ist es schwer zu glauben und zu beten, erst recht im Alter. Was soll ich diesem Gott denn sagen? Der weiß ja, dass ich nicht nur aus Stärken bestehe, sondern auch Schwächen habe, manches falsch mache und dass mich manchmal auch die Bosheit packt. Wie soll ich da mit einem „strengen Richter aller Sünder" reden? Der hat mich ja schon verurteilt. Oder ich krieche zu Kreuz und bedauere und bekenne immer wieder meine Schuld – und finde kein Ende damit. Es tut weh, wenn alte Menschen ein solches Bild von Gott haben.

Gerade im Alter ist die Frage des Gottesbildes wichtig, weil der Tod näherrückt, weil ich weiß, ich gehe auf mein Ende zu, und dann stehe ich vor Gott. Schickt der mich ins Fegefeuer oder gar in die Hölle? Dieser Gott hält mich ja auch auf meine alten Tage noch im Blick, auch mit meinen Begrenztheiten – das ist ein Teufelskreis. Dieses Gottesbild ist beklemmend, macht unfrei, raubt Freude; Lebenslust geht verloren!

Diese Frage beschäftigte und quälte den Reformator Martin Luther: „Wie finde ich einen gnädigen Gott?" Es ist eindeutig, welches Gottesbild hinter dieser Frage steht. Die damals gültige katholische Antwort war auch eindeutig: „durch Werke!" Du musst dir den Himmel verdienen – bis hin zu der Perversion des Ablasshandels, der den Menschen weismachte, sie könnten sich den Himmel mit Geld erkaufen. 1515 hatte Martin Luther sein Turmerlebnis. Schlagartig kam ihm die Erkenntnis: Ich finde einen gnädigen Gott nicht durch Leistung und Werke, erst recht nicht durch Geld, sondern „allein durch Gnade“ – „sola gratia“! Die daraus sich entwickelnde „Rechtfertigungslehre“ ist inzwischen auch Teil der katholischen Lehre, am 31. Oktober 1999 in Augsburg mit vatikanischer Unterschrift besiegelt.

Dieses „allein durch Gnade“ setzt das Bild eines guten, liebenden Gottes voraus. Und genau dieses Gottesbild möchte Edith Hess in sich, der alten Frau, verlebendigen, um gelassen und befreit auch im Alter leben zu können. Ihr Vorhaben ist eine Einladung an jeden alten Menschen: Verlebendige in dir das Bild eines Gottes, der dich ohne jede Bedingung liebt. Mit diesem Bild von Gott kannst du leben, bei diesem Gott bist du aufgehoben, dieser Gott ist keine Bedrohung – auch nicht, wenn du an dein Sterben denkst, denn er schaut dich mit liebenden Augen an.

Wie finde ich zu diesem Glauben, wenn ich andere Gottesbilder mit der Muttermilch eingesogen habe? Da ist eine wirkliche Bekehrung notwendig, und die ist auch im Alter nicht nur möglich, sie ist notwendig. Gegen alle inneren Stimmen sage ich mir immer wieder: Vor diesem Gott muss ich mich nicht durch Leistung beweisen! Bei ihm muss ich mir den Himmel nicht *verdienen*. Er legt mir keinen geistlichen „Leistungskatalog“ vor. Ich bin eingeladen, mich in Gottes Hände fallen zu lassen – im Vertrauen: Ich falle in gute Hände, die mich tragen.

2019 starb auf dem Hülfensberg im Eichsfeld/Thüringen der Franziskaner Br. Jordan Tentrup, ein wunderbarer Mensch, kauzig und liebenswürdig, mit einem siebten Sinn begabt, die Seelen seiner Mitmenschen zu erspüren. Einige Wochen vor seinem plötzlichen Tod sagte er dem Provinzial bei der Visitation: „Ich bin im Gleichnis vom Weinberg ein Arbeiter der ersten Stunde. Dass ich bei ihm arbeiten durfte, ist mir genug. Ich habe ein tolles Leben gehabt. Der Lohn ist mir doch scheißegal!" Was aus diesen wenigen Sätzen spricht, tut dem Glauben eines alten Menschen gut: Ein Leben mit und für Gott ist ein tolles Leben! Es ist ein Geschenk. Der Lohn wird unwichtig, er ist im Leben bereits gegenwärtig!

Beten im Alter

Alte Menschen, die sich zu dieser Lebens- und Glaubenshaltung durchgerungen haben, finden einen Zugang zum liebenden Gott. Darum können sie auch beten. Allerdings werden ihre Gebete kaum wortreich sein. Sie brauchen nicht mehr viele Worte vor Gott. Es ist eher so, wie es Sören Kierkegaard beschreibt:[21]

> „Als mein Gebet immer andächtiger und innerlicher wurde, da hatte ich weniger zu sagen. Zuletzt wurde ich ganz still. Ich wurde, was womöglich noch ein größerer Gegensatz zum Reden ist – ich wurde ein Hörender. Einst meinte ich, Beten sei Reden. Ich lernte aber, dass Beten nicht bloß Schweigen ist, sondern Hören."

So ist es: Beten heißt nicht, sich selbst reden hören; beten heißt, still werden, still sein und warten – bis ich Gott höre. Der alte Mensch braucht nicht mehr viele Worte, wenn er betet. Seine wenigen Worte sagen alles. Sparsam mit Worten, vielleicht sogar wortlos vor Gott sein, das ist eine Gebetshaltung im Alter, wie sie auch in der kleinen Erzählung aus dem Leben des Pfarrers von Ars angesprochen wird:

Der Pfarrer von Ars ging eines Tages in seine Kirche und sah dort einen einfachen Bauern knien. Als er nach einer Stunde wieder in die Kirche kam und den Bauern immer noch knien sah, ging er zu ihm und fragte ihn: „Sag mal, was sagst du dem lieben Gott da eigentlich die ganze Zeit?" Darauf entgegnete der Bauer: „Eigentlich gar nichts, Herr Pfarrer." Auf den Tabernakel deutend fuhr er nur fort: „Ich schaue ihn an – und Er schaut mich an."

Das Gebet eines alten Menschen wird mehr und mehr zu einem wortarmen oder gar wortlosen Gebet. Man spürt im Alter, wie beredt Schweigen sein kann, dass wenige Worte nicht bedeuten müssen: Wir haben uns nichts mehr zu sagen. Man kann miteinander alt gewordene Ehepaare erleben. Sie sitzen beieinander, er liest die Zeitung, sie strickt; ab und zu fällt ein Wort, über lange Strecken herrscht Schweigen. Aber es ist kein Schweigen von stumm gewordenen Menschen, es ist ein beredtes Schweigen. Sie sind miteinander im gleichen Raum, sie haben sich der Nähe des anderen vergewissert und sind schweigend in einer tragenden Gemeinsamkeit verbunden. Ähnlich ist es mit dem schweigenden Gebet des alten Menschen: Du vergewisserst dich der Nähe Gottes und bist einfach da. Du hast den liebenden Gott im Blick und er dich. Das reicht.

Der alte Mensch und das wortarme Gebet korrespondieren miteinander. Im Alter wandelt sich vieles vom Tun zum Sein: weniger Aktivität – mehr Ruhe und Zeit für sich selbst, weniger Hektik – mehr Gelassenheit, weniger leisten – mehr sich etwas gönnen, weniger eigenes Tun – mehr geschehen lassen, weniger „Gott, schau mal, was ich alles vollbringe" – mehr „Hier bin ich vor dir".

Dieses „vor Gott sein" entspricht dem alten Menschen mehr als noch so schöne, frei formulierte Gebete. Er mag nicht mehr so viel selbst in Worte bringen, das fällt ihm auch schwer. Aber er freut sich, wenn er ansprechend formulierte Gebete findet, die ein anderer geschrieben hat. Das sind dann zwar Worte eines anderen. Aber nicht selten sind sie ihm aus der Seele gesprochen. Dann werden fremde Worte zu eigenen.

Der hochbetagte Mensch liebt es, in vorformulierten, eher traditionellen Gebeten zu beten. Da steht das Vaterunser an erster Stelle. Dieses Gebet begleitet den Menschen von der Wiege bis zur Bahre. Ohne den Worten bis ins Einzelne nachzugehen, sind sie eine Form des Betens, in der die Anrede „Vater" alles überstrahlt. Es ist ein Vertrauensgebet. Selbst wenn ein alter, kranker und sterbender Mensch keine eigenen Worte mehr findet: Wenn man an seinem Bett das Vaterunser betet, bewegen sich seine Lippen mit. Es ist *das* Gebet des Menschen in allen Phasen seines Lebens, auch und gerade jetzt, wo er alt ist.

Die Entscheidung für ein positives Gottesbild, wie es sich im Vaterunser verdichtet, ist eine Kraftquelle für das Leben – auch im Alter. Mit diesem Gottesbild kann ich getrost die Worte aus Psalm 139 beten: *„Gott du prüfst mich und du durchschaust mich. Ob ich sitze oder stehe, du weißt von mir. Von fern erkennst du meine Gedanken. Ob ich gehe oder ruhe, es ist dir bekannt; du bist vertraut mit all meinen Wegen."* Solche Worte sind beklemmend, wenn ich sie aus dem Mund eines strengen Richtergotts höre. Höre ich sie aber in Verbindung mit dem Bild eines menschenfreundlichen Gottes, sind sie tröstlich, denn mit meinem Gott bin ich stark, mit ihm überspringe ich Mauern und Wälle (vgl. Ps 18,30).

Jesus vermittelt in seiner Verkündigung ein Gottesbild, das befreiend und angstfrei ist. Er nennt Gott „Vater“, eine familiäre, eine von Vertrauen getragene Anrede. Die intensivste Verdichtung dieses Gottesbildes findet sich im Gleichnis vom barmherzigen Vater (vgl. Lk 15,11–32). Dieses Bild eines guten Vaters nahm der junge Mann, der „verlorene Sohn“, als sein wichtigstes Kapital im Herzen mit auf den Weg. Als er sein materielles Kapital verschleudert hat und in seinem verpfuschten Leben ganz unten angekommen ist, am Schweinetrog, besinnt er sich auf dieses Bild in seinem Herzen. Das macht ihm Mut, der Güte des Vaters zu vertrauen und heimzugehen. Er wird nicht enttäuscht.

Eine ähnliche Verdichtung erfährt das Bild des guten Gottes in einer weiteren Erzählung des Lukasevangeliums: Eine Sünderin, eine Frau mit Vergangenheit, kommt zu Jesus. Sie vertraut einfach. Sie spricht kein einziges Wort. Aber sie weint ihre Tränen auf seine Füße, trocknet sie mit ihren Haaren, salbt sie mit Öl. Das alles sind sprechende Zeichen, die sagen: „Ich will gut sein, ich vertraue, dass du meine wortlosen Zeichen verstehst, ich vertraue, dass du mir den Neuanfang ermöglichst.“ Diese Frau ist zutiefst überzeugt von Gottes Güte, die in Jesus ein menschliches Gesicht bekommen hat. Sie weiß: Vor dem muss ich keine Angst haben (vgl. Lk 7,36–50). Wie schon erwähnt, bekommt Petrus die Ermutigung: „Hab keine Angst!“ (vgl. Lk 5,10). Und der Verbrecher, der neben Jesus am Kreuz hängt, der seine Angst überwunden hat und zu Jesus sagt: „Denk an mich, wenn du in dein Reich kommst!“ (Lk 23,42), hört die befreienden Worte: „Heute noch!“ (Lk 23,43).

Und dann sind da noch die Hirten in Betlehem. Ihnen verkündet der Engel bei der Geburt des Gottessohnes: „Euch ist heute der Retter geboren“ – der „Heiland“, vor dem ihr keine Angst zu haben braucht: Er will die Welt heilen.

Das ist biblische Frohbotschaft für jeden, der auf dem Weg ist, ein angstmachendes Gottesbild zu überwinden und an den menschenfreundlichen Gott zu glauben. Das ist eine Bestätigung für jeden, der sich dieses Gottesbild längst zu eigen gemacht hat.

Anregungen aus der franziskanischen Spiritualität

Gott als „Höchsten“ und als „Allmächtigen“ anzureden war dem heiligen Franziskus und seinen Zeitgenossinnen und Zeitgenossen nicht fremd. Das kannten sie aus der Sprache der Psalmen und der Liturgie. Aber Franziskus spürte, dass diesem „Höchsten“, „Allmächtigen“ die Seele fehlte. Darum hat er in seinen Sonnengesang den beiden Anreden an Gott eine dritte hinzugefügt: „Guter“ (Sonn, FQ 40). Er spürte, dieser Gott hat eine Seele, und die strahlt Güte aus. Dieses glaubende Wissen ist im Laufe seines Lebens gewachsen. Zunächst redet Franziskus vom Höchsten, ja vom Allerhöchsten (vgl. Test, FQ 59–62). Den Sonnengesang schreibt er in der Nähe des Todes, mit der ganzen Erfahrung seines Lebens. Der „Allerhöchste“ hat ihn durch sein Leben geführt und begleitet. Er hat ihm gezeigt, was er tun sollte, wo er selbst es nicht wusste. Im Rückblick spürt er, dass es gut war. Es war gut, weil Gott gut ist. Das wird auch in seinem „Lobpreis Gottes“ (vgl. LobGott, FQ 37–38) hörbar. Darin besingt er

Gott mit einer Fülle von Komplimenten, wie sie sich sonst nur in Liebesbriefen findet. Das Gottesbild des Franziskus hat eine Seele. Die strahlt Freundlichkeit und Güte aus.

Der alte Mensch wird kaum in Gott verliebt sein. Aber er kann sich davon anstecken lassen.

Meditation

Zu Psalm 23

„Du, Herr, bist mein Hirt,
nichts wird mir fehlen.“

dieses Wort
schon immer eine Herausforderung
auch jetzt
wo ich „alt und grau“ bin

Du, liebender Gott,
hast mich bis heute begleitet
auf all meinen Wegen –
geraden und krummen
bequemen und steinigen
und auch auf Umwegen und Irrwegen
in Sackgassen und Einbahnstraßen

und du wirst mich
weiterhin begleiten
mein Vertrauen stärken
auf dich
den guten und treuen Gott
auf den ich mich verlasse
ohne verlassen zu werden.

An was hat es mir heute gefehlt,
Herr, mein Hirte?

Kleine Lichtblicke schenkst du mir
als Antwort:
Du schenkst mir

eine grüne Aue
einen Ruheplatz am Wasser,
Orte, an denen ich Kraft schöpfe

Stütze und Halt
für meinen Weg
auch durch finstere Lebenstage

einen gedeckten Tisch
an dem du mich nährst –
täglich

Leben in Fülle
und einen gefüllten Becher
bis in meine letzte Stunde.

Du, Herr, bist mein Hirt,
nichts wird mir fehlen.

„... aber versuchen will ich ihn" – ein Nachwort

Das Wort „lebendig“ fasziniert viele. Eine Fülle von Themen öffnet sich in der Suchmaschine des Computers beim Suchwort „lebendig alt“: „Lebendig sein im Alltag“, „Voller Energie lebendig sein“, „Lebendig werden!“, „Lebendig fühlen“, „Endlich lebendig“, „Jeden Tag lebendig sein“, „Steinalt und doch lebendig“ ...

Lebendig sein ist keine Aussage darüber, dass das Herz noch schlägt, die Lunge noch atmet, Magen und Darm ihren Dienst noch tun. Lebendig sein ist mehr: Beziehung pflegen, Anteil nehmen, Gefühle zeigen, mit den Sinnen und dem Herzen dabei sein, auch wenn der Körper Grenzen setzt. Darum kann auch oder gerade ein alter Mensch sehr lebendig sein!

Die Eigenschaft „lebendig“ in Verbindung mit dem Alter hat uns fasziniert. *Altsein* – dieses Wegstück Leben wird viel zu oft mit Eigenschaften wie kraftlos, müde, initiativlos, hilflos ... in Verbindung gebracht! Zu Unrecht! Wir haben auf den Seiten dieses Buches zu entfalten versucht, wie lebendig der alte Mensch sein kann – wenn auch auf seine Art. Es ist nicht die Lebendigkeit eines Kindes oder Jugendlichen. Wollte der alte Mensch das sein, er würde sich lächerlich machen. Es ist auch nicht die Lebendigkeit des Erwachsenen in den besten Jahren. Auch die ist nicht mehr die seine. Vielmehr lebt sie im Alter aus der Kraft der Jahre: steinalt und doch lebendig!

Die Lebendigkeit eines alten Menschen sprüht aus seinen Augen: Sie schauen hellwach, interessiert, durchaus auch ein bisschen neugierig, anteilnehmend, ermutigend, augenzwinkernd. Sie wird hörbar, wenn sie/er redet und worüber. Der lebendige alte Mensch redet nicht nur über seine eigenen Bedürfnisse; Gott, die Welt und nicht zuletzt die Menschen mit ihren Freuden und Sorgen gehören zu seinen Themen. Sie/er kann witzig, spritzig und humorvoll sein, aber auch nachdenklich suchend und fragend.

Ein anderes Wort für solche Lebendigkeit lautet „wach". Bei einem Kind, spricht man von „aufgeweckt" – ein aufgewecktes Mädchen/Bürschchen! Es wächst ins Leben hinein. Das passt zum Alter nicht mehr, wohl aber „wach" oder gar „hellwach". Ein alter Mensch, der mit hellwachen Sinnen Anteil nimmt, ist lebendig und faszinierend. Das möchten wir durch die Gedanken unseres Buches stärken. Und wir wünschen unseren alten Leserinnen und Lesern etwas von dem, was Rainer Maria Rilke in seinem Stundenbuch mit dichterischen Worten beschreibt:[22]

„Ich lebe mein Leben in wachsenden Ringen,
die sich über die Dinge ziehn.
Ich werde den letzten vielleicht nicht vollbringen,
aber versuchen will ich ihn."

„... aber versuchen will ich ihn!" – Wer sich diese zupackende Lebenshaltung bewahrt, bleibt lebendig.

Anmerkungen

1 Ausführlicheres zum Thema „Hochaltrigkeit“, andere Autor*-innen sprechen von „Langlebigkeit“: Rüegger, Heinz, Vom Sinn im hohen Alter, Zürich 2016, bes. 13–26; Wahl, Hans-Werner, Die neue Psychologie des Alterns, München 2017[3]; Stöcker, Monika, Seifert, Kurt (Hg.), Alles hat seine Zeit, Ein Lesebuch zur Hochaltrigkeit, Zürich 2015[2].

2 Hillmann, James, Vom Sinn des langen Lebens, München 2000, 88–101.

3 Jonasson, Jonas, Der Hundertjährige, der aus dem Fenster stieg und verschwand, München 2011.

4 Dieser Text findet sich sehr häufig im Internet und wird meistens Albert Schweitzer zugeschrieben. Er hat aber wohl nur die Übersetzung von Samuel Ullmanns „Youth“ erstellt. Beide Texte finden sich im Internet, es ist aber keine saubere Quelle auszumachen.

5 Weber, Friedrich Wilhelm, Dreizehnlinden, Paderborn 1922, 182.

6 Rey, Karl Guido/Hess, Edith, Die Reise ist noch nicht zu Ende, München 2003, 88f.

7 Wanke, Joachim, Was mir im Alter wertvoll ist, 23.05.2008, in: https://www.bistum-erfurt.de/presse_archiv/nachrichtenarchiv/detail/was_mir_im_alter_wertvoll_ist/.

8 Rey, Karl Guido/Hess, Edith, Die Reise ist noch nicht zu Ende, München 2003.

9 Vgl. Wolff, Hanna, Jesus als Psychotherapeut, Stuttgart 1986[7], 17–43.

10 Vgl. zum Ganzen: Rüegger, Heinz, Alter(n) als Herausforderung. Gerontologisch-ethische Perspektiven, Zürich 2009, 39–75.

11 Rosenmayr, Leopold, Lebenskunst im hohen Alter, in: www.wienerzeitung.at, 29. Juli 2005.

12 Vgl. Jaeggi, Eva, Tritt einen Schritt zurück und du siehst mehr, Freiburg im Breisgau, 2009[2], 38.

13 Zum Thema des Fragmentarischen vgl. bes. Rüegger, Heinz, Vom Sinn im hohen Alter, Zürich 2016, bes. 122–124.

14 Hebbel, Friedrich, Gedichte, Hamburg 1842, 197.

15 Rüegger, Heinz, Vom Sinn im hohen Alter, Zürich 2016, 123.

16 Ebd.

17 Bosmans, Phil, Blumen des Glücks musst du selbst pflanzen, Freiburg 1978, 29.

18 Vgl. zum Folgenden: Arens, Heribert/Machowiak, Martino, Sei allem Abschied voran, Kevelaer 2006^{2}.

19 Unter dem Suchwort „Baltes, SOK-Modell" finden sich im Internet viele Links.

20 Rey, Karl Guido/Hess, Edith, Die Reise ist noch nicht zu Ende, München 2003, 88f.

21 Kierkegaard, Sören, Die Tagebücher. Übersetzt von Theodor Haecker, Innsbruck 1923, 203.

22 Rilke, Rainer Maria, Das Stundenbuch, Frankfurt 1986, 199.

Zum Weiterlesen

Arens, Heribert/Machowiak, Martino, Sei allem Abschied voran, Kevelaer 2006[2].

Dies., Du hast mein Klagen in Tanzen verwandelt, Ostfildern 2015.

Rey, Karl Guido/Hess, Edith, Die Reise ist noch nicht zu Ende, Düsseldorf 2003.

Rüegger, Heinz, Vom Sinn im hohen Alter, Zürich 2016.

Ders., Alter(n) als Herausforderung. Gerontologisch-ethische Perspektiven, Zürich 2009.

Ders., Sterben in Würde? Nachdenken über ein differenziertes Würdeverständnis, Zürich 2004[2].

Wahl, Hans-Werner, Die neue Psychologie des Alterns, München 2017[3].

Jaeggi, Eva, Tritt einen Schritt zurück und du siehst mehr, Zürich 2009[2].

Rosenmayr, Leopold, Im Alter noch einmal leben, Wien/Berlin 2011.

Ders., Altern im Lebenslauf. Soziale Position, Konflikte und Liebe in den späten Jahren, Göttingen/Zürich 1996.

Stocker, Monika/Seifert, Kurt (Hg.), Alles hat seine Zeit. Ein Lesebuch zur Hochaltrigkeit, Zürich 2015[2].

Ruppert, Fidelis, Älter werden – weiterwachsen, Münsterschwarzach 2013.

Höffe, Otfried, Die hohe Kunst des Alterns. Kleine Philosophie des guten Lebens, München 2018.

Hillmann, James, Vom Sinn des langen Lebens, München 2000.

Piet van Breemen, Alt werden als geistlicher Weg, Würzburg [4]2006.

Hammer, Eckart, Männer altern anders, Freiburg im Breisgau 2009.

Ders., Das Beste kommt noch, Freiburg im Breisgau 2010.

Chittister, Joan, Das Geschenk der Jahre, Freiburg im Breisgau 2010.

Hertzsch, Klaus-Peter, Chancen des Alters, Stuttgart 2008.

Kast, Verena, Was wirklich zählt ist das gelebte Leben, Freiburg im Breisgau, 2011[2]".

Schmitt, Karl Heinz/Neysters, Peter, Jeder Tag voll Leben, München 1996.

Riedel, Ingrid, Die innere Freiheit des Alterns, Ostfildern 2009[4].

Wallis, Velma, Zwei alte Frauen, München 2009[11].

Abkürzungsverzeichnis

Die Schrifttexte sind entnommen aus:
Einheitsübersetzung der Heiligen Schrift, Katholische Bibelanstalt, Stuttgart 1980.

Die Franziskusquellen (FQ) sind zitiert nach:
Berg, Dieter/Lehmann, Leonhard (Hg.), Franziskus-Quellen. Die Schriften des heiligen Franziskus, Lebensbeschreibungen, Chroniken und Zeugnisse über ihn und seinen Orden, Kevelaer 2009.
1 C: Thomas von Celano, 1. Lebensbeschreibung (Vita) des hl. Franziskus
Erm: Ermahnungen des hl. Franziskus
Gef: Dreigefährtenlegende
LebKl: Leben der hl. Klara
LobGott: Lobpreis Gottes
NbR: Nicht bullierte Regel
Per: Sammlung von Perugia
Sonn: Sonnengesang
SP: Der große Spiegel der Vollkommenheit
Test: Das große Testament des hl. Franziskus

Die Klara-Quellen (KQ) sind zitiert nach:
Schneider, Johannes/Zahner, Paul (Hg.), Klara-Quellen. Die Schriften der heiligen Klara, Zeugnisse zu ihrem Leben und ihrer Wirkungsgeschichte, Kevelaer 2012.
LebKl: Leben der hl. Klara

In der Reihe „Franziskanische Akzente" sind u.a. erschienen:

Bd. 1: Mirjam Schambeck, Nach Gott fragen zwischen Dunkel und Licht

Bd. 2: Helmut Schlegel, Die heilende Kraft menschlicher Spannungen

Bd. 3: Katharina Kluitmann, Wachsen – über mich hinaus

Bd. 4: Cornelius Bohl, Auf den Geschmack des Lebens kommen

Bd. 5: Martina Kreidler-Kos, Lebensmutig. Klara von Assisi und ihre Gefährtinnen

Bd. 6: Nikolaus Kuster, Franz von Assisi – Freiheit und Geschwisterlichkeit in der Kirche

Bd. 7: Herman Schalück, Prophetisch glauben. Aufbrüche in franziskanischer Spiritualität

Bd. 8: Stefan Federbusch, Nachhaltig wirtschaften – gerecht teilen

Bd. 11: Helmut Schlegel, Glaubensgeschichten sind Weggeschichten. Die Emmauserzählung als Modell christlicher Existenz

Bd. 14: Paulin Link, Der Sehnsucht Raum geben. Die Kunst der franziskanischen Wegbegleitung

Bd. 16: Hermann Schalück, Den Gottesfaden erkennen. Die Ernte meines Lebens

Bd. 18: Leonhard Lehmann, Vom Beten zur Kontemplation. Hinführung zur franziskanischen Praxis des Verweilens vor Gott

Bd. 20: Wilhelm Bruners, Gottes hauchdünnes Schweigen. Auf seine Stimme hören

Bd. 21: Burkhard Hose, Es reicht. Auf dem Weg zu einer neuen Kultur des Teilens

Bd. 23: Jan Frerichs, Nach der Erleuchtung: Boden wischen. Ein franziskanisches Alltagsprogramm

Bd. 25: Mirjam Schambeck/Elisabeth Wöhrle, Im Innern barfuß. Auf der Suche nach alltagstauglichem Beten

Weitere Informationen zu allen Bänden der Reihe finden Sie unter www.echter.de